人間ブッダ

田上太秀

大法輪閣

人間ブッダ【目次】

まえがき

最近事件になっている怪しい宗教団体がいくつかあるが、それらの教義には仏教思想が説かれている。そして教祖なのか尊師なのかはよくわからないが、団体のリーダーのなかには釈迦やキリストなどの生まれ変わりだと公言する者がいる。

また、解脱をしたら宙に浮くとか、体の組織が変化し、血液まで神秘的な効験《ききめ》を生むと説いたり、ブッダの声が聞こえるとか、ブッダの霊が乗り移って、われこそブッダの使命を受けた救世主であるとか説いている。

また、密教まがいの火を崇拝する宗教もある。これは火を燃やすことで厄除けができるという信仰である。また、布施と称して多額の金銭を出させて、布施が多いか少ないかで御利益に違いがあると説く宗教もある。これも既成の仏教教団のやり方をモデルとしている。布施だけなら許せるが、どんな御利益があるかわからない、怪しい物品を高く売りつけて、病気治療や商売繁盛のために利用させている例がある。これも仏教寺院が販売する御札などをまねたものであろう。

釈尊が生まれ変わるという思想は仏教には本来ない。釈尊の血筋を引くなどお笑い事にすぎない。釈尊の説法を編纂した経典のどこを読んでも生まれ変わるとか血を引く者がいるとかの文章を発見できない。

布施については本文中に書いたが、病気の治療、商売繁盛、家内安全を願って布施することは布施の本来の意味を取り違えている。御札を持っていると安全だという信仰を釈尊は説いていない。効き目があるなしはとにかく、持っていると何となしに安心するというなら別だが、必ず効き目があると信じたら、それは迷信としかいいようがない。釈尊がそんなことを説いた例がない。

火を崇拝すると厄除けになるといわれるが、本文中に書いているように、釈尊が拝火教のカッサパ兄弟を帰依させた事例は、火を崇拝することの無意味を理解させるためであった。つまり火を崇拝すれば厄除けできるなら、火を取り扱う職業の人は毎日厄除けしていることになろう。何の災いもその人にはないはずなのに、どういうわけかそうではない。それは一体どういうことかと釈尊はいう。

仏教信仰に金銭はいらない。たとえば極楽浄土にゆきたいと願う人に金銭を出せ、物品を買えと説いた経典があっただろうか。

祈とうや呪文によって病気が治ったということはない。

説法のなかで釈尊自身が自分の病気を祈とうや呪文によって治したと述べている例はまったくない。病気にかかったら医者の治療を受けている。釈尊は亡くなる前に激しい下痢をしている。これが死の直接の原因であるが、この時は医者は駆けつけていない。間に合わなかったのであろう。この苦しい最後の場面で釈尊は呪文を唱えただろうか。祈とうをしただろうか。すべて否である。

釈尊は祈とうや呪文の効き目を信じていなかったからである。

仏教はまずもって釈尊が一体なにを説き、どんな生き方を説き、そしてどんな信仰の在り方を説いたかを学ぶことが大切である。

仏教を正しく理解したら、老いを恐れることもなく、死を恐れることもなく、来世を恐れることもない。仏教を正しく理解したら、我が身を見る目が変わるだろう。生きて生かされている我が身に気づくだろう。

仏教は決して厭世的な考えを説く宗教ではない。仏教はどうすればバランスの取れた生き方ができるかを説いた宗教である。だからどんなに科学が発達した時代にも仏教思想は人々に歓迎されるだろう。そしていつの時代も人々の心は釈尊の教えに戻るだろう。なぜなら釈尊は慈悲の教えを説き、そして不合理な教えを説いていないからである。

本書は、雑誌『在家仏教』（在家仏教協会刊行）に、一九九八年八月号から一九九九年七月号までの十二回にわたって連載された内容を書き改めたものである。この雑誌ではテーマは「私の仏教入門」となっており、それこそ私の考えている仏教へのやさしい手引きであった。かぎられたページのなかで仏・法・僧の三宝をベースにした仏教入門で、主に釈尊に焦点を合わせた内容になった。

この記事を第三文明社の田口進一氏から「レグルス文庫」に加えたいという申し出があり、ここに一冊の本にしていただいた次第である。すでに「レグルス文庫」には拙著『釈尊の譬喩と説話』があり、これと併せて読んでいただければ幸いである。

本書の編集や校正にあたって田口進一氏にはいろいろとご助言とご指導をいただいた。貴重なご意見も頂戴した。ここに心から感謝申し上げたい。

平成十二年一月二十七日

著者しるす

一「仏教」とはなにか

「仏教」の意味

はじめに「仏教」の意味はなにかを考えてみましょう。「仏教」は「仏の教え」と読むのでしょうか。それとも「仏となる教え」と読むのでしょうか。

「仏教」ということばは、もと古代インド語で書かれていたのを漢字に訳したものです。釈尊の教えを最初に記録したことばであるパーリ語では、「仏教」をダンミー・カター(ブッダが説いた教え)と表しています。これが「仏教」の原語にあたります。

同じように、お経のことばである古代インド語のサンスクリット語であらわした、ブッダ・ヴァチャナ(ブッダの教えという意味)も「仏教」の原語です。

このように古代インド語では「仏教」はブッダの教え、ブッダが説いた教えという意味でした。だから「仏教」は原語では「ブッダの教え」となります。しかしブッダの教えはブッダになるためのものですから、「ブッダとなる教え」という意味でもあります。

したがって「仏教」は「仏の教え」とも「仏となる教え」とも読めます。いずれの読みでも間違いではありませんが、お経のなかで説かれている内容からいえば、「仏となる教え」と読むのが適当であろうと考えます。

じつは私たちが使う「仏教」ということばは、わが国では近世になってから使われるようになったといわれています。お経のなかではもとは「仏教」ではなく、代わりに仏法・仏道などのことばが多く使われていました。

「ブッダ」について

これまで「仏教」ということばを説明しているなかに、「ブッダ」のことばが数回出てきました。では、「仏」と「ブッダ」という二つのことばに違いがあるのでしょうか。つぎにこの二つのことばの意味を説明しましょう。

「ブッダ」は古代インド語のサンスクリット語でbuddhaと書き、この原語の発音がブッダです。この発音をそのまま漢字で表したのが仏陀《ぶっだ》です。仏陀の「陀《だ》」が抜けて、「仏」だけが独立して使われるようになりました。これを私たちは「ほとけ」とか「ぶつ」とかと読んでいますが、「ほとけ」がより一般的な読みとなっています。「ブッダ」と「仏」は同じ原語の読みの違った表し方でした。

私たちは「仏」を「ほとけ」と読んでいます。いつから「仏」を「ほとけ」と読むようになったのか、どうして「ほとけ」と読むのか、これに答えられるたしかな資料も、はっきりした説明も現在のところありません。研究者の間でも定説がありません。

いろいろ説はありますが、ある考えを紹介しましょう。buddhaの発音をそのまま漢字にしたことばに仏陀のほかに浮図《ふと》・浮屠《ふと》など多数ありました。これら浮図・浮屠の「ふと」、あるいは「ぷと」の読みを「仏」に当てて使っているうちに、いつの間にか「ほとけ」と訛《なま》り、読み習わされるようになったとも考えられています。

そしてこの「ほとけ」が、わが国では「死んでほとけになること」「死ぬこと」などの意味で一般に使われるようになりました。つまり「ほとけ」は「死んだ人」というイメージをもつことばとして定着しています。

つぎに「ブッダ」(buddha)の意味について説明しましょう。この原語の意味はめざめた人といい、宗教的意味では真理にめざめ、それを理解し、身に備えた人ということになります。

私たちはブッダというと釈迦をすぐに思い浮かべます。そしてブッダは釈迦だけを表すことばのように思い込んでいます。たしかに釈迦もブッダですが、ブッダは古代インドでは多数いました。原語のブッダの意味からすれば真理を理解し、それを身に備えたら、その人はブッダですから、釈迦以外にもブッダはいたのです。

ブッダということばは古代インドの宗教ではすぐれた修行者、あるいは聖者といわれる人に対する呼び名でした。

哲学者にもブッダがいた

釈迦が活躍する以前から哲学者をブッダと呼んでいました。バラモン教の聖典である『ウパニシャッド』の古いもののなかでは、真理を悟った人（哲学者、あるいは宗教家）をブッダと呼んでいます。

また、紀元四世紀頃にまとめられたといわれるインドの叙事詩《じょじし》『マハーバーラタ』でも、哲学者をブッダと呼んでいます。

また、釈迦が活躍した時代に興った宗教の一つにジャイナ教があります。このジャイナ教には聖者や賢者のことばや詩を集めた『仙人のことば』という聖典があり、このなかでもこれらの聖者や賢者をブッダと呼んでいます。

仏教のもっとも古いお経の一つ『スッタニパータ』（説法集《せっぽうしゅう》）でも悟りを開いた弟子た

ちに向かって釈迦がブッダと呼びかけている例が見られます。彼らはもちろん修行が完成し、真理にめざめた弟子であることはいうまでもありません。

このように「ブッダ」という言葉は、ある特定個人の固有の呼び名ではなく、真理にめざめた人ならだれでもブッダと呼ばれていたことがわかります。

ところが仏教教団では釈迦の死後、弟子たちの間で釈迦だけをブッダと呼ぶようになり、ブッダといえば、釈迦と結びつけることになりました。また、仏（ほとけ、あるいはぶつ）のことばも同じように釈迦を指す名前となりました。

大事なことはほとけ、すなわち仏はけっして死んだ人を意味することばではなかったこと、そして死を意味することばでもなかったことを知っておくべきです。真理にめざめていない人は決して仏ではありません。死んだらすぐに仏になるという考え方は本当のブッダの教えを伝えたものではなく、ブッダの教えを冒瀆《ぼうとく》する考え方です。

2　釈尊の生い立ち

釈迦の本名はシッダッタ

「仏教」のことばを説明するなかでずっと釈迦という名前を使ってきました。また、私たちには日常「お釈迦様」という呼び名が知られています。では、釈迦という呼び名はほんとうの名前でしょうか。

「釈迦ってなあに？」と聞かれたら、だれでも「それはインドの人で、仏教をはじめた人でしょう？」と答えるでしょう。「それじゃ、釈迦ってその人の本名なの？」と聞かれると、「そうだとおもうよ」と答えるのが普通でしょう。

じつは「釈迦」の呼び名は本名ではありません。一種のあだ名だと考えていいでしょう。これまで私たちは仏教を開いた人を本名でなく、あだ名で呼んでいたのです。

ここの章の見出しに「釈尊《しゃくそん》」ということばが見られます。この釈尊と釈迦とは大いに関係があり、お釈迦様の本名を知る上で重要なことばです。

お釈迦様の本名は「ゴータマ・シッダッタ」といわれます。

「ゴータマ」は「最上の牛を持つ者」という意味の言葉で、氏族《しぞく》の名前です。このゴータマ族はサーキヤ（釈迦）種族のなかの、田畑を耕し、稲やさつまいもなどを栽培する農業を営む一氏族です。自分達の生活や土地を外敵から守るために自ら武装した農耕民であったと考えられています。

「シッダッタ」はお釈迦様自身の幼名です。「すべてを成し遂げた人」という意味の名前です。したがって「ゴータマ・シッダッタ」は「ゴータマ族の息子・すべてを成し遂げた人」という意味になります。一般には親しい間では幼名で呼びあうのが普通ですが、お釈迦様の場合は伝記のなかでも幼名で呼ばれることは少なく、幼名のシッダッタより氏族の名前であるゴータマの呼び名が多く使われています。漢字に訳されたお経ではゴータマは「瞿曇《くどん》」と訳され、シッダッタは「悉達多《しつだった》」と訳されています。

わが国の研究者の間では、ゴータマにブッダを付してゴータマ・ブッダと呼ぶのが一般的ですが、すべての研究者がこの呼び名を使っているわけではありません。

すでに述べたように、お釈迦様の「釈迦」はサーキヤ（釈迦）族の名であって、人名ではありませんでした。お釈迦様という呼び名は種明かしすると種族の名前に「お」と「様」をつけて敬って呼んでいたことになります。

では、どうして種族の名前が呼び名としてわが国の人に一般化したのでしょうか。その理由の一つにはつぎのことが考えられます。

昔からお釈迦様のことを「釈迦牟尼世尊《しゃかむにせそん》」と中国では呼んできており、この呼び名がわが国に伝えられました。この「釈迦牟尼世尊」というフルネームで呼ぶのが面倒になり、「釈迦」だけを残し、後の部分を省いて「釈迦」と呼ぶようになったとも考えられます。

お経のなかにも略して「仏」や「世尊」などが単独で使われていますが、わが国では「仏」は「ほとけ」と呼んで親しまれ、「世尊」は一般化しませんでした。私たちの間では「仏」に並んで「釈迦」が使われ、「仏」は阿弥陀仏、大日如来などの仏像を呼ぶとき、また、死んだ人を呼ぶときに使われていますが、「釈迦」は歴史的人物を表すときに「お釈迦様」の呼び名で使われている傾向があるようです。「お釈迦様」はわが国ではもっとも親しみのある呼び名といえます。

つぎに「釈尊」の呼び名について説明しましょう。

「釈尊」は右に紹介した「釈迦牟尼世尊」の釈と尊を取り出して、「迦牟尼世《かむにせ》」を略して作った名前です。「釈迦牟尼世尊」は釈迦と牟尼と世尊の三つのことばからなり、「釈迦族出身の聖者（牟尼）で、世間で最も尊敬できる人」という意味です。この呼び名は中国や日本では古くから僧侶の間ではよく使われてきました。今日でも研究者や僧侶の間では広く使われている呼び名です。「釈尊」はこのフルネームの略称です。

これまで「釈迦」とか「お釈迦様」とか親しまれている呼び名を使ってきましたが、これは種族の名前であり、本名ではないことがわかりました。仏教の開祖を呼ぶ名前としては正しい呼び名ではありません。したがってこれに代わる呼び名は本名かそれとも尊称としての呼び名かのいずれかになります。本名のシッダッタや氏族の名のゴータマなどは親しみがありますが、仏教の教えを説く主人公をいつまでも幼名や氏族の名で呼ぶのは不謹慎だと考えます。そこで尊称としての釈尊がもっとも適当な呼び名であろうと考えられ、これから釈迦やお釈迦様の代りに「釈尊」の呼び名を使います。

誕生した年代はいつか

釈尊が実際に生存した人であったかどうか疑問に思っている人もいますが、ピプラーワーで発見された塚のなかにあった骨壷に、「シャカ族出身の世尊ブッダの遺骨を納める」という旨の銘文が刻まれていたことから、これは考古学的にも間違いないとすべての学者によって認められており、その他の分野の研究も進んで、釈尊は実在の人であったことが証明されています。

ただ、釈尊の伝記は多くの資料があるにもかかわらず、さまざまな記述があって実際の生涯がどうであったかよくわかっていません。しかし現在、釈尊の生涯に関する研究の総決算であり、もっとも最先端の研究結果は中村元選集〔決定版〕第十一、十二巻『ゴータマ・ブッダⅠ、Ⅱ』（春秋社）に見られますので、詳しく調べたい人はこれを読まれることをお薦めします。

釈尊の誕生と死亡の年代については、これまでわが国の学者や諸外国の学者によって研究されてきましたが、これも定説がありません。しかしわが国では釈尊の、

誕生は紀元前四六三年、

死亡は紀元前三八三年、

とする説が一般的となっています。ところがスリランカやミャンマーなど南方の仏教諸国では、

誕生は紀元前六二四年、

死亡は紀元前五四四年、

と考えています。これは北に伝えられた仏教の資料と南に伝えられた仏教の資料の記述の違いによって年代に違いがあるからです。

誕生の日はインドの暦《こよみ》で第二の月に当たるヴァイシャーカ月の八日（または十五日）と伝えられ、わが国ではこれを四月八日と定めています。

じつは釈尊の誕生の日と、悟りを開かれた日と、亡くなられた日の三日は、スリランカなどの南方諸国ではインド暦《れき》ヴァイシャーカ月の満月の日にあたり、太陽暦に直すと五月の満月の日にあたり、この日に一緒に法要が行なわれています。

ところがわが国ではそれぞれ四月八日（誕生の日・仏生会《ぶっしょうえ》）、十二月八日（悟りの日・成道会《じょうどうえ》）、二月十五日（死亡の日・涅槃会と別々の月に法要が行なわれています。

釈尊はインド人

ヒマラヤの山裾に位置する、現在のネパール領の南端にタラーイ盆地があります。釈尊は、その盆地で生活していたサーキヤ（釈迦）族の長《おさ》、あるいは王であったスッドダーナと母マーヤー正夫人の間に長男として誕生しました。

ところがイギリスの歴史学者ヴィンセント・A・スミスは、「ゴータマはモンゴルで生まれたらしい」といい、釈尊はチベット人に似たグールカのような山岳民であったらしいと自分の著書のなかで述べました。彼の説はヨーロッパの学者には衝撃を与えましたが、必ずしも受け入れられませんでした。もしそうであれば、釈尊は私たち日本人と同じような種族とはいえないまでも、多少人種的につながりがあることになります。

しかし最近の学者の研究によりますと、タラーイ盆地の住民はアーリヤ人、人類学的にいうと地中海型で、そこにはモンゴル人型の人種はさほど多く住んでいませんでしたので、おそらく釈尊時代のその地方もあまり違わなかったのではないかといわれます。ということは釈尊はアーリヤ人であったと考えられます。したがって釈尊はいわゆるインド人であったことになります。

サーキヤ族が生活していた場所はネパール領の南端のタラーイ盆地だと考えられ、いまのインドとの国境に近いネパールで生まれたというのが定説となっています。

「天上天下唯我独尊」は作り話

釈尊はルンビニー園で誕生したといわれています。母親であるマーヤー夫人はどうして宮殿のなかで出産しなかったのでしょう。

お経によるとルンビニー園でマーヤー夫人が出産したのは、親元《おやもと》で出産するために帰る途中であったといわれます。しかし考えてみるとおかしいのです。ルンビニー園には毎日のように散歩に出かけたといわれ、そして臨月になっても出かけていたといわれます。実家に帰って出産するのであれば、臨月にはいったら、早めに実家に帰り、出産の準備をしていなければならなかったはずです。ところが実家に帰る途中で陣痛が起こり、急きょルンビニー園で出産したと書かれてあります。事実はルンビニー園で出産することが前もって決まっていたと考えるのが普通ではないでしょうか。

というのは、古代インド人には死の不浄観と出産の不浄観があり、家のだれかが死ぬとその汚《けが》れが家族の者に及ぼされるという信仰があるとともに、出産があると出産の汚れが両親、または生母に及ぼされるという信仰もありました。とくに出産の不浄観によって屋内での出産は禁じられていたようです。

出産の不浄観は血が不浄であるという考え方から生まれました。出産のときの出血が家、両親、生母、父を汚すと考えられていたようです。ですからマーヤー夫人はわざわざ出産するためにルンビニー園へ出かけたと考えるべきではないでしょうか。

マーヤー夫人がルンビニー園のアショーカ樹の枝に右手を伸ばしたときに釈尊が誕生したとお経には記述されています。右手だけを伸ばしたのではなく、両手で枝をつかんで立ち膝《ひざ》で出産するのが当時の出産の方法であったと考えられます。

実際に出産のとき、世の母親は少し上半身を斜めにして、両手でベッドのパイプを握りつぶすほどに握りしめて力みます。ガンダーラ出土の浮き彫りをみると、マーヤー夫人はそばにあったアショーカ樹の枝を、立ったまま右手で握っています。立ったまま、右手だけという点は芸術的に審美的に描かれているのであり、実際にはおそらく立ち膝のまま両手でアショーカ樹の枝を握って出産したと想像されます。

彫刻では右手は枝を握り、左手はそばの女性の肩をつかんでいるもの、そばの人の後ろのなにかをつかんでいるものがあります。これもおそらく釈尊が右脇から誕生したことを視覚的に理解させるために、立った姿勢を彫ったのであろうと考えます。

釈尊はマーヤー夫人の右脇から誕生したと伝えられます。これは聖者や神々は産道を通って生まれないという、古代インド人の信仰から生まれた伝説であろうと考えます。

古代インドのヴェーダ聖典に、わが国で帝釈天とよばれるインドラ神は、蛇の姿をした悪魔を殺してこの世界に水と光をもたらした神として出てきますが、この神は母親の右脇から生まれたといわれます。

このように右脇から生まれるという考えはすでに以前の神話のなかにもあり、これと釈尊の誕生の伝説と直接には関係はないとしても、この神話を釈尊誕生の話に取り入れたとも考えられます。じつはこの伝説は仏教の最初期のお経には述べられてなく、紀元後のお経のなかにだけ述べられていますので、右脇から誕生したという話は仏教ではもともとなかったようです。

また、釈尊は誕生後七歩歩き、その後、天と大地を指さして「天上天下唯我独尊《てんじょうてんげゆいがどくそん》」、つまり「天上と天下のすべてを歩いてみたところ、私よりすぐれた者はいない」と宣言したという伝説があります。

七歩歩いたという伝説の由来についていろいろの説がありますが、これも古代インドの神話に出てくるヴィシヌ神が、宇宙を七歩で歩いたというヴェーダ聖典の記述を取り入れて、語り継がれたともいわれます。しかしはっきりしたことはわかりません。これも仏教の最初期のお経には書かれていません。したがって時代が下るにつれて、仏教以前から語り継がれてきた神話的な伝説が付け加えられたようです。

また、「天上天下唯我独尊」と宣言した記述についても確かなことはわかっていません。仏教のお経のなかで最も古いものの一つ『スッタニパータ』の伝説には、生まれたばかりの釈尊が人類のなかで最もすぐれた人であると人々から称賛されている記述があります。ここでは人々が称賛しているのであって、釈尊自身が「ただ私だけが最上の人である」と述べたわけではありません。

後世に弟子たちによって伝えられていくなかで、釈尊自身が、「私は世界最上の者である」「私は最上の人として、すべてを知る者、すべてを見る者となろう」と語ったかのように弟子の間で語り継がれてきたと考えられています。

釈尊は誕生した後、右手で天上を指さし、左手で地上を指したといわれます。この形は、わが国では四月八日の花祭りのとき、花御堂《はなみどう》のなかに立つ童子像《どうじぞう》の釈尊の姿で親しまれています。

この天と大地を指さしている姿はガンダーラ出土の浮き彫りでは、知るところでは一例だけあります。その右手を上げている像は、カルカッタ・インド博物館にあるクシャーン朝のもの（右手を肩のあたりまで上げている）だけです。これは頭上に右手を上げているわけではありません。この像のほかはみな両手を下げている像ばかりです。

これから判断すると、「天上天下唯我独尊」の話と天上天下を指さした仏像は後世の伝記作者の創作によるものではないかと考えられます。お経の古いものにもこれらの伝説はまったくなく、後の時代になって、とくに漢字に訳される段階で付け加えられたとも考えられます。

いろいろの資料を調べてみますと、釈尊は自ら「天上天下唯我独尊」と宣言されたことはなかったといえます。

◎参考　「天上天下唯我独尊」については中村元選集〔決定版〕第十一巻『ゴータマ・ブッダⅠ』（春秋社）の一一七頁から一三六頁を参照されたい。

3　ブッダになった釈尊

幸せいっぱいの少年時代

釈尊は七歳からヴァイシヴァーミトラという先生のもとで語学、算数、天文、地理などを学びはじめました。これらのほかに弓や刀などの武器の使い方、戦いの方法、そして馬術なども学んだといわれます。めずらしいことでは相撲を学んだともいわれます。取っ組み合い程度のものと考えられそうですが、正式にいわゆる相撲の四十八手を学んだようです。

日頃の生活は春、夏、冬のそれぞれの季節に過ごしやすい別邸が与えられ、多くの付き人にかしずかれて生活したと釈尊自ら述べています。古いお経（『増支部経典』第一巻一四五頁以下）のなかにつぎのように記録されています。

まだ出家していないころの私は、苦しみというものを知らなかった。幸せな生活をほしいままにしていた。父の屋敷には池があり、青い蓮華《れんげ》、紅い蓮華、白い蓮華が美しく咲いていた。私の部屋には、カーシー産のビャクダンの香りがいつも心地好く漂っていた。衣服もすべてカーシー産のりっぱな布で仕立てられていた。

私には三つの別邸があり、一つは冬にふさわしく、一つは夏に適し、一つは春のためにあった。四月の雨期から夏の別邸に住み、多くの付き人にかしずかれ、一歩も外に出ることがなかった。

外出のときには塵《ちり》や強い太陽の日差しを避けるために、いつも白い傘がかざされていた。

また、ほかの家では貧しい食事を使用人に与えていたというのに、父のところではりっぱな食事を与えていた。

このように私は富裕な家に生まれ、幸せな生活を営んでいたにもかかわらず、内心では決して満足していなかった。(原典から抄訳)

なに不自由なく、快楽生活を満喫《まんきつ》したと伝えられています。いってみれば欲しい物は何でも手にはいり、したい放題、好きなことができたということでしょう。カーシー産とはベナレス産のことです。今日でもベナレス産の絹製品は高級品といわれます。釈尊時代から有名であり、上流階級の人たちのブランド品であったようです。

このようになに不自由なく裕福な生活を送っていても、じつは少年の心は満足していなかったようです。いま紹介した文章のつづきに、生き物たちの弱肉強食の生きざまを見て、さらに老いや病や死の苦しみが自分の身にも迫り来ることを教えられ、大きな木の下で坐禅をして考え込む日々が多かったとも釈尊は述懐しています。究極の安らぎの境地があれば、いつかは出家してその境地に達したいと考えていたらしいのです。

十七歳（あるいは十六歳）の時に最初の妻を迎え、都合《つごう》三人の妃《きさき》を得ました。ヤショーダラ、マノーダラ、ゴータミーの三人の妃には各々子供がいたと考えられますが、伝記によりますとヤショーダラ妃が産んだラーフラ以外の子供の名前が伝えられていません。あくまでも推測ですが、ラーフラ以外は女子であったために、話題に上《のぼ》らなかったのでしょうか。というのは、釈尊が出家を決心したのはヤショーダラ妃に男子が誕生した後であったことから、おそらくは釈尊にとってこれがはじめての男子誕生であったと推測されるからです。

当時、出家するための条件は跡継ぎの男子がいること、出家後、残された家族が生活できるような経済的ゆとりがあることなどがあげられます。釈尊は出家したいという願いをラーフラという男子の誕生によって実現できたのです。

このような事情が絡《から》んでラーフラがただ一人釈尊の伝記に登場し、釈尊の実子として有名になったようです。ラーフラは釈尊の一人っ子ではなく、おそらく異母姉妹が数人いたと考えられますが、お経はこれについてはなにも伝えていません。

家庭を捨て、修行の生活へ

釈尊は富裕な家に生まれ、幸福な生活を送っていましたが、思うところあって出家しました。その思うところというのは、老人の姿を見て、自分も老いる身であることに気づき、いまのこの若さはいつまでも続くものではなく、日に日に老いつつあることを知り、いままでの若さへの驕《おご》りを反省しました。

また、病人の姿を見て、自分も病む身を持っていることに気づき、いまのこの健康はいつまでも続くものではない、いつかは必ず病むのだと知り、いままでの健康への驕りを反省しました。

また、死人を見て、いずれ我が身も死ぬ。死から逃れることはできないことを知り、自分は長生きできると考えてきた驕りを反省しました。

このように若さへの驕り、健康への驕り、そしていのちへの驕りを反省して、一体本当の平安、永遠の安らぎはなにかを求めて家督《かとく》を継ぐ約束を破棄し、そのうえ、妻たち、そして子供たちを捨てて出家することを決意しました。

カピラの町を出た釈尊は道を東方にとり、夜明けにはアノーマ川を渡りました。朝日に輝く砂の上に馬から降り立って、剣を捨て、みずから髪を切り、身に付けていた一切の装身具を馬を引いてきたチャンダカに手渡し、持ち帰るように頼みました。そして、

これらを王や母、そして妃たちにささげて、こう伝えてほしい。私は世間的欲望はすべてなくなった。生まれ変わり死に変わりの輪廻に苦しむ人々を救う道を悟るまでは、決して帰らないつもりである。どうか悲しまないでほしい。

とチャンダカに告げています。釈尊はこれから修行者の姿となり、托鉢をしながら、クシナーラを経てひたすらマガダ国のラージャガハ（王舎城《おうしゃじょう》）の都をめざしました。

都に着くと、当時有名な二人の仙人を訪れました。二人はいわゆる禅の大家でありました。一人はアーラーラ・カーラーマという仙人で、どんなものにも執着しないという無一物の境地に達したヨーガ行者として知られていました。もう一人はウッダカ・ラーマプッタという仙人で、すべて考える働きを捨てて無念無想の平静な境地に達したヨーガ行者として知られていました。

この二人の仙人について修行し、それぞれの奥義を釈尊は短い期間で体得したといわれ

ます。彼らの境地は確かに高度な、そして深遠な内容であったようですが、それは瞑想をしているときだけで、瞑想から覚めると現実の心の状態にもどり、さまざまな煩悩がふたたび起こる欠点がありました。

素人考えでいいますと、坐禅をしている間はしずかで、いろいろな妄想が湧いてこない状態になったのでしょう。彼らの実践したヨーガの瞑想は心を静め、妄想が湧かない境地を得るための修行であったと考えられます。だから瞑想をしている間は妄想を断つとか心を静める効果はあったと思われますが、瞑想から覚めた後、身心から生じる煩悩《ぼんのう》を断つことはできなかったのではないでしょうか。つまり彼らのヨーガの修行は煩悩が起こる根本の原因はなにかを究明することではなく、ひたすら瞑想をして心の静まりを求めることにあったと考えられます。

釈尊は二人の仙人が教えたヨーガの境地を極めましたが、それに満足できず、彼らのもとを去りました。

ガヤーの町に流れるネーランジャラー川のほとりにあるウルヴェーラのセーナ村に行き、そこで古来から多くの修行者が行なっているタパスを試みました。それは自ら身体をむち打ち、これに耐えながら自分を高める荒行《あらぎょう》、すなわち苦行《くぎょう》です。これを多くの修行者のなかに加わってはじめました。神と一体になることを最後の目的とし、神秘的な力を取得し、神の恩恵を受けようとしました。

この修行は肉体を痛めつけ、熱を蓄えて神と一体になることを求めるものですが、肉体がぼろぼろになりました。釈尊は、いったいこのような状態で神と一体になるという修行にどれほどの意味があるのかと疑問を持つようになりました。

釈尊は、これ以外にも種々の苦行法《くぎょうほう》を試みました。

そのなかの一例を挙げてみますと、呼吸を次第に止めて、耳の呼吸も止めると頭が砕かれるような苦痛をおぼえ、下腹部を切り裂かれるような痛みが襲い、さらに全身が焼け焦げるほどに熱くなるという苦行もしました。

絶食することもありました。また、毎日豆粒などの量を少しずつ減らし、全身が痩せ、毛髪が抜け、皮膚も黒ずんでしまい、立ち上がろうとしても頭が前に落ちて倒れてしまうほどの苦行もしました。

苦行者といってもさまざまで、断食をする者、牛糞を食べる者、捨てられた布きれをつないで着ている者、伸びた毛髪で裸体を覆っている者、いつも直立している者、茨《いばら》の上に臥《ふ》している者などがいました。釈尊は捨てられた布きれをつないでつくった着物を着る苦行者でもあったと考えられます。

釈尊はさまざまな苦行の奥義を修めるまで努力しました。しかし苦行を修めている途中で、ついに体力の限界を知り、死を覚悟しました。ほかのどの修行者より努力したにもかかわらず、それでも特に神との一体感とか神の恩恵とかを感じ取ることはできなかったようです。苦行の無益さを悟ったのです。

ある朝、死ぬかと思われるほど衰弱した身体を引きずって、苦行林の近くを流れるネーランジャラー川へ行き、沐浴しました。この後、川べりで死人のように倒れていると、村娘のスジャータがみつけ、搾《しぼ》ってきたばかりの乳《ちち》を混ぜて作った粥《かゆ》を釈尊に与えました。スジャータがくれた乳粥《ちちがゆ》のおかげで体力を回復し、釈尊はガヤーの町外れに行きました。そこで一本のアシュヴァッタ樹をみつけ、この樹を修行の場所と決めたようです。

古来、この樹は霊樹《れいじゅ》、つまり神々が宿る樹として知られ、多くの修行者がこの樹のもとで修行したといわれます。この樹はビッパラ樹ともいわれますが、一般に菩提樹《ぼだいじゅ》という名で知られています。菩提樹の名は、釈尊がこの樹の下で悟りを開いたという故事によるものです。植物名はアシュヴァッタで、この樹の名前はすでにインダス文明の遺跡のなかから発見された印章に彫られていて、昔から聖なる樹として知られています。

このアシュヴァッタ樹の種子は鳥の糞に混《ま》じって、落とされた樹の上や建物の上で芽を出し、根を伸ばして建物や樹を縛《しば》り、締め付けて壊わし、枯《か》れさせるような恐ろしい樹です。

釈尊もこの聖なるアシュヴァッタ樹に見守られて修行しようと考えたのでしょう。この樹の下で不死の境地を求めて修行を続けました。

修行中、釈尊の心にはさまざまな誘惑を仕掛ける悪魔が現われては消え、現われては消えて修行の妨害をしたといわれます。独《ひと》り修行していると、いまの修行がほんとうに不死の境地を得る正しい方法であるかどうかという不安があったことでしょう。また、かつての富裕な生活に戻りたいという揺らぐ気持ちが湧いたりして、さまざまな煩悩がつぎつぎと妨害したことでしょう。

これらの誘惑、不安、揺らぎなどの煩悩を悪魔の形で表し、釈尊と悪魔（煩悩）との戦いとして伝記には書かれています。お経のなかではこの悪魔を「邪魔《じゃま》」と表しています。日頃、部屋に入るとき、あるいは人のなかに割って入るときに「お邪魔します」といいます。この邪魔は釈尊の修行を妨害した悪魔のことです。

ブッダとなる

いよいよ修行が成就する日が近づきました。三十五歳のとき、ある朝、明けの明星《みょうじょう》の輝きに感応《かんのう》して、ホウセンカの種子の袋がはじけるように、眠りから覚めるように、朝もやが消えるように、釈尊の心は瞬時に晴れわたりました。

釈尊は恐らく「これが世間の真理である」という、なにかある確信をつかんだと推測されます。ここで釈尊は「ブッダ」になったといわれます。

銘記《めいき》すべきことは、ブッダとは神や世界創造主などのような絶対的・超越的な主《ぬし》ではありません。ブッダとは真理にめざめた人です。その人を仏教ではブッダと表現しました。

では、釈尊は最初からブッダと呼ばれていたのでしょうか。

最初期のお経では釈尊はブッダになったとは記述されず、「偉大な人」と呼ばれています。釈尊は人間でした。人間ではありましたが、普通の人とは違って、並外れて優れた人と考えられていました。そこで「偉大な人」と表現したのです。超人的なブッダになったとは伝えていませんでした。

ブッダになった後、釈尊は身心の悩みも悪魔の誘惑もまったくなかったのでしょうか。

じつはブッダになった後も悪魔の誘惑があったとお経には書かれています。また、真理を悟ったとはいえ、最初はその内容をまとめて人々に理解させるだけの余裕もなく、どのように伝えるかという方法が見つからず、悩んでいたともいわれます。

ブッダになったとは世間の道理をよく理解できた人になったということです。したがってブッダとは神秘的な、超人的な、呪術的《じゅじゅつてき》な力を取得した人ではありません。

ブッダになっても悪魔の誘惑があり、種々の悩みがありました。だからブッダになっても誘惑を退ける努力、煩悩が起きないようにたゆまない精進《しょうじん》が求められます。ブッダになっても修行は続けなければなりません。

人は修行するまえから悟っているわけではありません。修行によって悟りを得るのです。だから修行をしなかったら悟りはありません。ブッダになるためには修行が必要です。では、ブッダになることは修行が成就することですから、そのあと修行しなくていいのでしょうか。そうではありません。悟ってからも修行を続けなければ、生身があるかぎり、煩悩が起こります。だから釈尊はブッダになってからも修行に励みました。

ブッダは絶え間なく修行を継続する人です。ブッダは終わりのない修行をたえず遂行し、つねに完成された人格を維持している人と考えなければなりません。

菩提樹の下でなにを悟ったか

釈尊は菩提樹の下で明けの明星をみて、これが真理であるという確信を得て心の曇りが晴れたといわれます。だからブッダと呼ばれました。

では、釈尊が確信した真理とはなにかという質問をされると、答えに困ってしまいます。

なぜかというと、そのときの釈尊の心境を推し量ることが、私にはできないからです。しかし古いお経のなかに書かれている内容を読んでみますと、釈尊が確信した真理はなにかということをわずかばかり窺《うかが》い知ることはできます。

それは、世間はさまざまな原因と条件のからまりによって成り立っているという縁起の道理です。

それまでの、神によって、あるいは創造主である絶対者によって世間は作られ、それらに支配されてものは生まれ、活動し、そして死んでゆくという考え方に対して、釈尊はいろいろの要素が寄り集まってすべてのものはあるという道理に気づいたのです。これはそれまでの宗教や哲学ではまったく考えられない新しい発見でした。これが最初の悟りです。

生類《しょうるい》が老い、病み、そして死ぬという避けることができない苦しみはなにが原因で、なにが条件で生じるのだろうかと問い続けていきました。その結果、世間にあるすべてのものはみな縁起しているという道理、つまり種々の原因と条件が絡《から》み、互いに依存して、かかわってあるという道理についての無知が苦しみの根源であることを発見しました。その無知が自己中心的な行い、驕り、むさぼりなどの煩悩を起こし、結果として老・病・死の苦しみを招いているという教えが確立しました。

この関係を説明するために釈尊は悩みました。つまり悟りを開いた当初の段階では仏教の教えといわれるような特定の教えはありませんでした。ただ縁起の道理にもとづいて人々の現実の生き方を観察して、どんな生き方がもっとも幸せな生き方であるかを基本的なところから示そうとしていたことはたしかでしょう。

縁起の道理についてはあとで詳しく説明しますが、この道理にもとづいて霊魂は永遠に存在すると信じる人々に身体に霊魂はないと説きました。また、神がなければ救われないという人に神がなくても人は幸せな生き方ができると教えました。

4 初めて説いた教えはなにか

悟りの喜びから説法の悩みへ

悟りを開いて七日後に、釈尊は菩提樹《ぼだいじゅ》のもとを離れてアジャパーラ樹のもとで一週間、さらにムチャリンダ樹のもとに一週間、それぞれのところで悟りの楽しみを味わって瞑想したといわれます。

ムチャリンダ樹のもとを離れて、つぎにラージャーヤタナ樹のもとで一週間とどまります。その間にタブッサとバッリカという二人の商人から菓子や団子の布施《ふせ》を受けています。釈尊は彼等から布施を受けましたが、二人になにか教えを説いたようには伝えられていません。しかし二人は生涯、釈尊と釈尊の教えに帰依することを誓ったと書かれてあるので、なにも教えを説かなかったとは考えられません。

釈尊は菩提樹のもとを離れてから第五週目にふたたびアジャパーラ樹のもとに戻ります。そこで菩提樹のもとで得た真理について、だれも理解してくれる者はいないだろうと、説法することを断念しようとしました。そのとき、尊師、尊師の法（教え）をお説きください。幸せを得た人は教えをお説きください。この世間には生まれつき汚れの少ない人々がおります。彼らは教えを聞かなければ退歩します。しかし教えを聞いたら、真理を理解する者となりましょう。

と語りかけ、説法することを勧《すす》めたと書かれています。これは神話的内容で、事実ではなかったと考えられますが、釈尊の心にこのように呼び掛ける声が聞こえたのでしょう。

アジャパーラ樹のもとでこの声を聞いて、釈尊はだれに、最初にこの真理を聞いてもらおうかと迷ったようです。聞いてもこれをすぐに理解してくれる人でなければなりません。いろいろ考えた末、最初に教えを受けたあの二人の仙人に聞いてもらおうと決めました。

ところが彼らはすでにこの世を去っていました。これを知らされて、願いが果たせず、つぎにだれにしようかと悩みました。そこでかつて苦行林《くぎょうりん》でも一緒に修行した五人の修行仲間を思い出し、彼らに説くことにしました。

彼らは、多くの仙人達が集まり、修行しているベナレスのサールナートにあるミガダーヤ（鹿のいる園）にいました。このことを知った釈尊は早速ベナレスに向かいます。

ベナレスに向かう途中、アージーヴァカ教徒のウパカという修行者に出会います。彼に自分がブッダになったことを告げ、その理由を述べました。ウパカが「あなたは、ほかに例を見ないほどの一切に打ち勝った人ですか」と聞きました。これに対して釈尊は「そうだ」と答え、一切の煩悩を滅した者はブッダになると説きました。

ここでしばらくの時間を費やしてウパカと対論したと想像されます。しかしウパカは釈尊の教えには帰依しませんでした。ここでは菩提樹のもとで悟った真理を説いたかどうかはっきりとはわかりませんが、結果として釈尊はウパカにわかってもらえなかったというほかないでしょう。あるいはまだ理解させるだけの力がなかったのでしょうか。

最初の教え——過ぎるな、ほどほどに

さらにベナレスへの旅は続きます。ブッダガヤーからベナレスまで当時の道を歩くと三百キロメートルあまりあったでしょう。着くまでに日数にして半月以上かかったと思います。

たしかにかつての修行仲間の五人はいました。釈尊はなにをそこで説法したのでしょうか。多くのお経には、最初に説いた教えはかなり高度な内容がたくさん説かれたように書かれていますが、実際は中道の教えと八つの道を説いたのではないかと考えられます。そのあと、月日が経《た》つにしたがって、中心になる教えに種々の教えが加えられていったので

はないでしょうか。最初の説法の内容の一端を簡潔に紹介しておきます。

五人の修行者に向かって、釈尊は「世のなかには二つの極端がある。それは快楽にふけることと、自分をもっぱら苦しめることの二つである。いずれも低劣で、愚かで、無益である。私はその二つの極端を捨てて、中道《ちゅうどう》を悟った。これによって私は人の心、物の本質を見る眼をもち、知る心を得た」と語りました。

この内容は人の極端な生き方や考え方を戒《いまし》めています。

世間には、短い人生だから思い切り食べ、思い切り酒を飲み、遊びほうけて、快楽を求める人が多くいます。性の解放を唱える人たちもその部類に入るでしょう。

一方、肉体を痛めつけて精神の純化、精神の高揚を求めて禁欲、苦行を勧《すす》めたり、行なったりする人たちがいます。これは心と肉体は別物と考える立場で、肉体を不浄な物として忌《い》み嫌《きら》い、心をきれいにし、心の自由を取り戻すことを目的にした考え方であり、生き方です。これが極端な禁欲や苦行の教えです。

釈尊は心と肉体は一つで、分けることができないと考え、肉体を痛めつけることによって心の純化は得られないといい、肉体を痛めつけると、同時にそれは心を傷つけることになり、肉体が苦しむと心も苦しみ、疲れてしまうと説きました。

快楽の生活と苦行の生活は極端な生き方で、これらを離れたバランスのとれた、適正で中正《ちゅうせい》な生き方が正しい生き方であるというのです。

欲を極端に肯定すれば、身心も家庭も社会も乱れます。反対に欲を極端に否定すれば、これも個人の身心や家庭や社会に自由がなく、窮屈になります。欲を極端に肯定も否定もしてはなりません。これが中道の生き方です。

世間は縁起しているから、あらゆるものは依存しあい、かかわりあいをもって生かされています。生かされているから、人や物とのかかわりを大事にしなければなりません。だからそのかかわりにおいてバランスを取りながら行動し、生きていかなければなりません。

この中道の生き方を実現するために八つの道があり、これが世間のなかで最上の、正しい道であると釈尊は説きました。この道を実践したら、人はすべての苦しみから解放され、最上の悟りを得て、再び世間の苦しみを味わうことはないと断言しました。

これが最初の説法の内容であり、仏教の基本的教えであります。後世の仏教の教えの淵《えん》源《げん》はここにあります。

5　釈尊を慕った人々

六人の仲間が誕生

サールナートのミガダーヤ（鹿のいる園）はベナレスの郊外にあり、古くからヒンズー文化の中心地でした。多くの聖者たちが集まり、修行していた場所として宗教的に特別の意義がある聖地でした。

ここにかつて苦行林《くぎょうりん》で一緒に修行した五人の仲間がいました。彼らは、釈尊が村娘が与えた乳粥を飲んだのを見て、苦行者《くぎょうしゃ》に禁じられている乳を飲み、苦行を捨て、堕落したと考え、釈尊と決別して、ここミガダーヤに来て、修行していたようです。

五人はすでに多くの修行を積み、古来から伝わる学問も学んでいました。しかしそんな彼らは釈尊の説法を聞くと、従来の宗教や哲学が伝えている思想を根底から覆《くつがえ》す教えであったので、すぐには納得できなかったようです。しかしいろいろの比喩《ひゆ》を使ったわかりやすい説法を聞いて、彼らの理解は日を追って深まり、ついに釈尊と同じ境地を得ることができました。

彼らは教えに帰依《きえ》し、弟子となりました。そして釈尊の教えを人々に伝えることを誓いました。そこで釈尊は「いま六人の阿羅漢《あらかん》が誕生した」と彼らに告げました。ここに最初のいわゆる弟子が誕生しました。

阿羅漢とは最高の聖者というほどの意味です。注意しなければならないことは、釈尊は自分のもとに五人の弟子ができたと告げたのではなく、自分と等しく最高の悟りを得た聖者が六人誕生したと喜びを表明したのです。つまり彼らは真理を理解し、その真理にもとづいて修行し、その教えを共有する仲間です。

釈尊には生涯を通して、自分が修行者の集まりのリーダーであるとか、帰依者たちの師であるとかの気持ちがなく、また、そのような態度で話すこともありませんでした。つねに自分は修行する仲間の一人という気持ちを持ち続けました。その姿勢は「いま六人の阿羅漢が誕生した」ということばに表れています。

集団で釈尊のもとへ

ミガダーヤで五人の修行仲間が誕生してからまもなく、釈尊のもとにグループで帰依する者たちがやってきました。まず、ヤサという青年と彼の友人五人が帰依しました。つぎに遊園地で遊んでいた青年三十人が、逃げ出した女を捜している間に、林の中にとどまっていた釈尊に出会い、話を聞くうちに帰依する結果となりました。

これらの青年たちはみな出家して修行仲間になったといわれます。

グループで帰依した例として一つの宗教団体、あるいは思想集団がまるごと弟子になるという異例の事件がありました。数人が誘い合って帰依し、弟子になることは事件とはいえませんが、一つの宗教団体や思想集団がそのまま釈尊のもとに帰依したことば、異常な事態であったと考えられます。これまでになかった現象であり、おどろくべき事件であったといえるでしょう。

その大きな事件の一つ。

マガダ国のウルヴェーラ村に、カッサパという姓の三人のバラモン出身の兄弟がいました。

彼等は火を信仰する宗教を主宰《しゅさい》しており、千人の修行者を率《ひき》いていたといわれます。釈尊はこの火を信仰する宗教教団の活動に興味があったようです。サールナートのミガダーヤからあの菩提樹があるガヤーの町へふたたび戻り、この宗教教団のリーダーで、三兄弟の長男ウルヴェーラ・カッサパと宗教討論をしました。長男はこの討論で負けました。その上、神通力《じんづうりき》でも負けました。釈尊の偉大さに打たれ、長男は弟子になることを決意し、髪とひげを剃《そ》り落としました。それを見たウルヴェー・カッサパの弟子五百人がリーダーに倣《なら》って髪とひげを剃りました。次男のナディ・カッサパと三男のガヤー・カッサパは、剃り落とされた髪とひげが上流から流れてくるのを見て、何事があったかと長男に聞くと釈尊に帰依したことを知りました。すると弟たちも兄の従う人であればといって、彼らが率《ひき》いる弟子たち五百人と一緒に髪とひげを剃り落とし、弟子となりました。

ここに一度に千人の、正確には千三人の修行仲間が集団で誕生しました。

もう一つの大きな事件。

ラージャガハにサンジャヤという自由思想家が二百五十人の弟子たちを率いて住んでいました。彼らのなかにはのちに釈尊の十大弟子として名を連ねる舎利弗《しゃりほつ》・目連《もくれん》という二人の優れた弟子がいました。

この二人がさきに釈尊の教えに帰依して弟子になりました。これをきっかけに、サンジャヤの弟子たち二百五十人はみな二人の後を追って釈尊に帰依しました。サンジャヤは二百五十人の弟子を取り戻すために釈尊と宗教討論しましたが負けてしまいました。サンジャヤは釈尊の考えが優れていることを認めました。しかし帰依しませんでした。彼は川に身を投げて自殺したと伝えられています。

仏教のお経に「仏は千二百五十人の修行者とともにいた」という表現が多くみられます

が、これはカッサパ兄弟の弟子千人とサンジャヤの弟子二百五十人の合計数です。釈尊に帰依した修行仲間はこの他にも多数いました。修行者の数は一般にこの千二百五十人という数で表されます。注意すべきことは、この数は男たちだけの数です。

修行者の中心となったのはもちろん最初の五人の阿羅漢ですが、これほど多数の修行者を釈尊と五人の阿羅漢だけでまとめることはできません。それまでまったく異なった思想や信仰をもとに活動していた者たちがそのままグループで釈尊のもとに集まってきたのです。

実際にはリーダー以外の者は、リーダーが釈尊に帰依したからという理由で追随したにすぎない者たちです。釈尊の教えを熟知して、理解していた者がどれだけいたことでしょうか。

千二百五十人というまったく異質《いしつ》の活動をしていた者たちを、一つに統一することはなかなかできません。そこで釈尊はそれまで指導的立場にあったグループのリーダーにまとめさせることがよいと考えたのでしょう。千二百五十人の共同体の運営は釈尊ではなく、舎利弗と目連が代表となって行ないました。とくに舎利弗が中心となったようです。

これら二つのグループが集団で加入したことで釈尊の名は急速に世間に知られるようになり、信者が増えました。とくに王や金持ちたちの支持を得ることにもなりました。

修行者の数と出身カースト

修行者たちの数は一般には千二百五十人（男僧のみ）で表していますが、実際はこれよりもっと多かったと推測されます。しかし釈尊の生存中には修行者の数は二千人を超えることはなかったのではないかと考えられます。その理由については推測するかぎりでは、つぎのことから考えられます。

現在、男性と女性のそれぞれの修行者たちが自分の出身、出家の動機、修行、心境などを述べたものを編纂《へんさん》した『テーラガーター』『テーリーガーター』という書が伝えられています。『テーラガーター』には男性二百六十四名、『テーリーガーター』には女性七十三名の名前が記されています。彼らは阿羅漢といわれた人たちです。この数字と修行者の名前はたしかに釈尊のもとで修行した人の数であり、名前であるといえます。

ここに記されていない修行者については中村元著『仏弟子の生涯』（中村元選集〈決定版〉第十三巻）に見ることができます。この書には最初期の仏教に属する古いお経のなかにでてくる修行者たちを残らず取り上げてあります。これによると、およそ千五百九十二名（一部重複《ちょうふく》する数もある）の修行者が数えられています。もちろんこのなかには右に紹介した二つの書に出ている修行者の名前も含まれています。

知られるかぎりの資料から、釈尊のもとで修行した者は千二百五十人にどんなに多く見ても五百人を加えた程度の数ではなかったかと考えられます。つまり二千人を越えることはなかったと推測されます。

彼らの出身カーストはヴァイシュヤ（庶民）の出身がもっとも多く、ついでバラモン（僧侶）、クシャトリヤ（王族）の出身です。これより下のカーストや不可触民《ふかしょくみん》出身の者は数えるほどしかいません。ヴァイシュヤ出身の者には裕福な家庭の者が多く、大金持ちの身内が多大な布施をしました。クシャトリヤ出身の者が弟子になったおかげで、釈尊の共同体に竹林精舎《ちくりんしょうじゃ》や祇園《ぎおん》精舎をはじめ、いくつかの施設が提供されるようになりました。最初、釈尊に帰依した者の大勢は上層カーストの恵まれた人たちでした。きわめて貧しい人たちには近寄りがたい共同体であったといえるでしょう。

修行者たちの年齢層をみると、十六歳から三十歳までの青年が過半数を占め、壮年がつぎに多く、六十歳以上の者は全体の一パーセントくらいであったと考えられます。六十歳台の人が一パーセントほどとはいえ、托鉢《たくはつ》して修行する人たちのなかに六十歳過ぎの人がいたことに驚かされます。

修行者の出身地をみると、ラージャガハがもっとも多く、つぎにサーヴァッティー（舎衛城《しゃえいじょう》）が多い。ラージャガハはマガダ国の、サーヴァッティーはコーサラ国の、それぞれの首都です。釈尊はとくにラージャガハとサーヴァッティーの二大都市を中心に活発に布教していたことが窺《うかが》えます。

修行生活に入った動機

修行者はどんな理由で修行生活に入ったのでしょうか。

お経によると、多くは釈尊の言動の尊厳さに打たれて帰依し、弟子になったと書かれています。

つぎに世俗生活のわずらわしさから逃げたい、また、日常生活の自分の行動に対する反省と本当の自分を取り戻したいという願いから修行生活に入った人も多くみられます。また、親族の者が、あるいは友達が弟子になっているからという、単純な理由で弟子になった人もいます。なかには親族の者、あるいは友達の清々しい修行生活を見て、その姿に感銘して真剣に道を求めようと発心した人もいます。

なかにはシュードラ（奴隷階級）あるいは不可触民の生まれであるために社会的に虐《しいた》げられている人が、その生活から解放されたいと考えて弟子になった例もあります。釈尊の共同体ではどんなカーストの出身者でも平等に扱われますので、彼らは虐待《ぎゃくたい》からの逃げ場を共同体に求めてきたのです。しかしこのような例はごくわずかです。たしかに不可触民で信者になった者は多かったようですが、修行者になった者は数えるほどしかいませんでした。

女性に平等の機会を与える

釈尊は真理を求める上で、男性と対等に修行できる機会を女性に与えました。現代では男女平等の意識が高まり、法律や制度の上でも機会均等《きかいきんとう》の場が与えられていますが、古代インドでは男性と伍《ご》して女性が人生を論じるとか、真理を求めるとかということは考えられませんでした。ただ炊事《すいじ》・洗濯・掃除、その上に出産と育児が女性の役目と考えられていました。

ところが釈尊は修行者の共同体に女性を受け入れて男性と一緒に人生を論じ、真理を求める機会と場を提供したのです。釈尊の育ての親であるマハー・パジャーパティ夫人は女性の最初の修行者です。彼女は釈尊の生みの親であるマーヤー夫人の妹です。マーヤー夫人が釈尊を出産して七日目に亡くなったあと親代わりとなりました。

仏教という宗教教団は、それまでどの宗教教団にも存在せず、そして決して認められることがなかった女性の修行者、すなわち尼僧《にそう》の誕生を認めました。これは古代インド社会だけでなく、当時、東西の世界からみても画期的な出来事であったといってもよいでしょう。

では、尼僧はどれほどいたのでしょうか。すでに紹介した『テーリーガーター』に出ている尼僧の数は七十三名です。正しくは九十二名といわれています。この書に記されている数のほかにどれほどの尼僧がいたのか知るよしもありません。この九十二という数字は千五百名の男僧《なんそう》の数とは比べられないほど少ないことがわかります。

釈尊の育ての親マハー・パジャーパティ夫人が修行者になったことがきっかけで、次々と尼僧が誕生しました。修行生活はすばらしいと讃《たた》える尼僧たち、釈尊に代わって真理を説く尼僧たちがいました。

女性差別を批判した尼僧たちもいました。『テーリーガーター』にソーマーという尼僧が出ています。この書のなかで、彼女が「心がよく安定し、智慧《ちえ》が習得されているときに、正しく真理を観察する者は女であることが邪魔になるのでしょうか。そんなことはありません」と述べたことがしるされています。

彼女は女性の智慧は「二本の指ほどの智慧」、つまり「料理の味見ができるくらいの智慧」だという女性への差別・蔑視《べっし》の風潮に対して批判しました。彼女の発言は痛烈です。

じつはこの『テーリーガーター』を編纂したのはおそらく男僧たちであったことからすれば、この当時の男性からは女の思い上がりとも受け取れる発言をそのまま記録していることに大きな意味があります。つまり、当時の修行者の共同体では、女性に平等の機会が与えられていたという証拠といえるからです。

ソーマーのような尼僧がいたにもかかわらず、彼女たちに対する男僧からの嫌がらせ、差別はまったくなくなることはありませんでした。

釈尊の死後、二、三百年後のお経には尼僧たちがどんなに修行してもブッダになることはできない、そんな道理はないという言い方をして差別した文章が見られます。これがいうところの女人五障《にょにんごしょう》説です。これを反省して男に変身すれば、女性もいつかはブッダになれると説かれるようになりました。これが変成男子《へんじょうなんし》の思想です。

この差別思想は釈尊の考えであったかのように伝えられていますが、じつはみな男の修行者たちの作り話です。というのは『テーリーガーター』にあるソーマー尼《に》は釈尊の教えを学んで、これをもとに性差別批判をしているからです。つまり釈尊の教えには女人五障も変成男子のいずれの差別思想もなかったから、彼女の発言があったのです。

6　釈尊は生きている

二種類の『涅槃経』

『涅槃経《ねはんきょう》』というお経を知っている人は多くないと思います。このお経の名にある「涅槃」ということばは、お寺で釈尊が亡くなったことを悼《いた》む日として法要が営まれ、これを涅槃会《ねはんえ》と呼んでいるところで出くわします。したがって「涅槃」は釈尊が亡くなったことを意味することばとして一般には知られているようです。多くの人は、もし『涅槃経』の名前を聞いても釈尊の死を悼むお経くらいにしか理解しないでしょう。

残念なことです。そこでこのお経の名誉を回復するために『涅槃経』について少し説明をしておかなければなりません。

このお経はたしかに釈尊の臨終にかかわる内容を書いたお経ですが、涅槃ということばが一般にいう死の意味とはちがう点を知ってもらいたいのです。

涅槃とはサンスクリット語でニルヴァーナといいます。むさぼりや驕《おご》りやいかりなどの煩悩が消え、ふたたびこれらの煩悩が起こらない、安らいだ境地のことです。死んだことではありません。このことばを中国では解脱《げだつ》、寂滅《じゃくめつ》、脱落《だつらく》などの漢字★で訳しました。

★参考までに、それぞれのことばは、ほぼ同じ意味ですが、「解脱」とは煩悩や世間のしがらみから解放された境地という意味です。「寂滅」とはすべての煩悩が生じなくなった静寂の境地という意味です。「脱落」とは肉体や心に刺さっていた煩悩がすべて抜け落ちた境地という意味です。

したがって『涅槃経』とは「すべての煩悩がなくなり、ふたたび煩悩が起こらない平安な境地、あるいは究極の解脱を述べた説法集」という意味のお経です。通俗的に解釈すると、釈尊の死は肉体が消えても大いなる教えが生き続けているという意味になり、これを涅槃と考えることもできます。

このお経には内容が異なる二つの『涅槃経』があります。

一つは死ぬまでの三か月間、ラージャガハの近くにある鷲《わし》の峰《みね》からクシナーラまでの説法の旅を記録した、紀元前に編纂されたものです。もう一つは紀元後に作られ、場面はクシナーラのいわゆる沙羅双樹《さらそうじゅ》のもとで説法している状況だけを書いたものです。

前の『涅槃経』の原典名は『マハーパリニッバーナ・スッタンタ』（以下、『原始涅槃経《げんしねはんきょう》』

と表します）といい、「大いなる完全な解脱（を記録した）説法集」という意味です。後の『涅槃経』は漢字に翻訳されたもので『大般涅槃経《だいはつねはんきょう》』（以下、『大乗涅槃経』と表します）といい、前のお経の意味と同じです。

この二つのお経の大きな違いは、『原始涅槃経』には釈尊が町から町へ移動しながら多くの人たちに説法しているという「動き」が見られますが、『大乗涅槃経』には背中の痛みに耐えながら、最後の布施をしたくてやってきた人々にただ坐って説法しているという「静かさ」が見られます。

きのこ料理が死因

釈尊は八十歳の時、マガダ国の首都であるラージャガハを発ったあと、修行者たちに三か月後にこの世を去ると予言し、故郷のカピラの町に向かって最後の説法の旅をしました。『原始涅槃経』によると、マガダ国、ヴァッジ国、そしてマッラ国の三か国にまたがって旅をしたといわれます。途中、パーヴァーの町に滞在したときに鍛冶屋《かじや》を営むチュンダ青年が差し出したきのこ料理を食べて、血がほとばしり出るほどの激しい下痢におそわれました。この後すぐにクシナーラに向かい、沙羅樹林《さらじゅりん》に入り、二本並んだ沙羅の木の間に横たわって死を迎えたと『原始涅槃経』には書かれてあります。

状況から考えますと、釈尊の死は自然死、あるいは老衰死《ろうすいし》ではなく、食べ物による病死であったことになります。

釈尊が口にした料理はきのこ料理であったか、豚肉料理であったか、これまで学者の間で多年にわたって議論されていますが、わが国ではきのこ料理に落ち着いているようです。チュンダは傷《いた》んでいた?料理を差し出して釈尊を結果として殺したことになります。彼は金細工《きんざいく》を職業とする人ですから、決して貧《まず》しい生活をしていたのではないと考えられます。『大乗涅槃経』には、マガダ国の人々を満腹させるだけの料理を用意して釈尊に差し上げたと書かれているので、経済的には裕福であったというふうに後世まで伝えられていたのでしょう。

経済的にはある程度ゆとりがあった人で、また、釈尊と随行していた弟子たちに食事のもてなしができるほどの生活力がある人が、どうして血がほとばしるほどの下痢を起こす料理を出したのでしょうか。大きな疑問が残ります。

頭に入れておくべきことは、チュンダのところに来る前に釈尊はすでに腹痛を起こし、体が弱っていたということです。これも引き金になっていたのかもしれません。そうであったとしても、つぎのことは気になることばです。

釈尊は食べた直後に「残ったきのこ料理は穴に埋めなさい」と告げて、他の者に決して食べさせてはならないとも言い添えました。これは、口に入れた瞬間に料理が傷んでいることを釈尊は知ったのではないかと推測されます。

もっと注目すべきことは、差し出した料理が死に至らしめたことをチュンダが後悔しているだろうから、君は最高の供養をしたと〔私が〕言っていたことを、チュンダに伝えるようにと釈尊は阿難《あなん》に言い残しています。（中村元訳『ブッダ最後の旅』岩波文庫、一二三頁以下を参照されたい）

これらの記述から推測すると、おそらく料理は傷んでいたのでしょう。釈尊みずからも予測しなかった事態に出くわしたのです。この事件は、釈尊も普通の人間であったことを教えています。

このような死因にかかわる状況を『原始涅槃経』は述べているのに対して、『大乗涅槃経』ではまったくこれらの状況が書かれていません。

『大乗涅槃経』ではすでに釈尊は病にかかり、背中が痛く、横になりたいという状態のところにチュンダが布施《ふせ》のための料理を持ってくる情景が書かれています。

釈尊が、

私がいま君の布施を受けるのは、君が生死流転《しょうじるてん》の川をよく渡ることができるようにしたいがためである

と告げて、チュンダの料理を受けるところから始まっています。さらに釈尊は私（ブッダ）の身体は不滅《ふめつ》の身体であるから、人々が差し出す料理を食べても、それで養《やし》われるとか、成長するとか、損なわれるようなことはないとも述べています。『大乗涅槃経』では、釈尊はチュンダが差し出した料理で死んだとは書かれていません。

これは、チュンダが釈尊の死を早めた、あるいは釈尊を殺したというイメージを払拭《ふっしょく》する理由から、また、釈尊そのものは不滅であることを強調する理由から、このように書かれたのだろうと考えられます。

釈尊は生きている

『原始涅槃経』では釈尊は、火葬され人の形をとどめず、完全に人の視界から消え去りました。信者たちは釈尊の遺骨を拾い、八つに分けて持ち去り、それぞれの地で墓を作って崇拝《すうはい》したとも書かれています。

ところが、ここで注目すべきことが最後の部分にしるされています。釈尊は深い三昧《さんまい》の世界に入り、その状態から涅槃に入ったとあります。その部分を読んで気づいたのですが、私たちの周りにこの三昧の境地を体験した人は見当たりません。一体どんな境地で、どんな状態であるかは知るよしもありません。しかしお経には、釈尊は三昧の世界に入ってこの世間から離れていったと書かれています。

『大乗涅槃経』では、この『原始涅槃経』の内容を受け継いだ形で、少し異なった書き方をしています。

釈尊の死は決して人や動物のような死に方ではなく、肉体は壊れても、教えとして、あるいは真理として、あるいは法として、私たちのそばに生き続けていると書かれています。

よく知られるように、釈尊の死は涅槃像《ねはんぞう》で表されています。右脇を下にし、右手を右頬《ほほ》のあたりに添えて、左手は左足のものあたりまで真っ直ぐに伸ばし、横たわっている姿です。これを立ててみるとよく知られる天上天下唯我独尊《てんじょうてんげゆいがどくそん》と宣言して右手が天を指し、左手が大地を指して立つ釈尊の誕生の像になります。涅槃像はそれを大きくして横にしただけです。

涅槃図《ねはんず》や涅槃像にみる釈尊は目をつぶっているように考えられていますが、アジア諸国に見られる涅槃像は例外なく目が開《あ》いています。

数例をあげますと、インドのアジャンター石窟寺院《せっくつじいん》の第二十六窟《くつ》のもの、インドのクシナーラにある涅槃堂《ねはんどう》のもの、ガンダーラから発掘されたもの、スリランカのガル・ビバーラ寺院のもの、ミャンマーのスーラーマニ寺院のもの、タイのワット・プラケオ寺院のもの、敦煌《とんこう》石窟第一五八窟のものなどは目を開けています。

タイの涅槃像の半眼《はんがん》は背後にある坐禅した二体の仏像（生きているブッダの姿）の半眼とそっくりです。つまり涅槃像の目は生きた仏像の目と同じであることになります。

わが国の涅槃図の多くは目をつむったものですが、なかには石山寺（滋賀県）や新薬師寺（奈良県）などの涅槃図のように半眼に開いているものは数えるほどしかなく、わが国にある涅槃図では釈尊は死んでいることを表しているようです。

調べたかぎりでアジア諸国にある涅槃像の目はみな半眼であることが、多くの彫刻を見て確認できます。これは釈尊は死んだという信仰ではなく、生きているという信仰を表しているのではないでしょうか。

仏像が出現しはじめたのは紀元二世紀ころからだろうといわれていますが、そのなかで涅槃像が作られるようになった時期については、はっきりとわかっていません。すでに紹介した『原始涅槃経』の臨終のときに深い三昧の境地に入ったという記述や、『大乗涅槃経』の記述を参考にして涅槃像が作られたとすれば、『大乗涅槃経』が成立した年代が四世紀といわれますので、おそらくこれ以後に涅槃像は作られたのではないかとも考えられます。しかしあくまでも推測で明言することはできません。

その『大乗涅槃経』に釈尊はどのようにして涅槃に入ったかについて書かれていますので、つぎに紹介しましょう。

『大乗涅槃経』のなかに、つぎのような文があります。

釈尊が涅槃に入るのは、薪《まき》が燃えつきて火が消えるようなものだと考えてはならない。そのように見る人は、釈尊の死を正しく理解していない。

また、油がつきると火が消えることと、同じように見てはならない。火は消えても灯籠《とうろう》が残っているように、釈尊の肉体は消えても教えの集まり（身）は、つねに生きつづけている。（要旨）

修行を完成した釈尊の死は修行を完成していない人の死とは異なり、単なる肉体が壊れて消え去るようなものではないと言っています。すべての迷いや惑《まど》いがなく、清々《すがすが》しい静寂の境地を得て、ふたたび苦しみの世界に生まれないという「生死のくりかえしの終わり」を意味しているようです。

仏教では、死は肉体の破壊であるとともに、つぎの再生へつながる一つのきっかけのように考えていて、生類《しょうるい》の死はつぎの苦しみの生存を受けることを予想しています。つまり、生まれ、老い、病み、そして死に、この死をきっかけにしてふたたびつぎの生まれがあり、老い、病み、そして死があるという、かぎりないくりかえしを意味しています。

ところが修行の完成を見た人、すなわちブッダは二度と苦しみの生をくりかえさないことが約束されていますので、ふたたび生まれ、死ぬことがない、不変不滅《ふへんふめつ》の領域に入るといいます。仏教で「涅槃に入る」という表現がありますが、死の世界に入るのではなく、世間のあらゆる煩悩《ぼんのう》が生じない、そしてあらゆる煩悩から完全に解き放たれた状態、あるいは領域に入ることを意味しています。

その状態あるいは領域に入った釈尊は、永遠の、そしてはかりしれない寿命を持って生き続け、私たちを見守っているという教えがここから生まれてきました。

『大乗涅槃経』の「現病品《げんびょうほん》」では釈尊は私たちが想像を超えた三昧の境地に入って、その状態から人々の動きを観察し、そして慈悲を垂《た》れていると書かれてあります。涅槃像は横たわっているので、三昧に入っているようには見えません。しかしそれは坐《すわ》りの禅《ぜん》（坐禅《ざぜん》）ではなく、臥《ふ》した禅《ぜん》（臥禅《がぜん》）の姿です。したがって涅槃像は死んでいる姿ではなく、三昧の境地にある生きた釈尊の姿を表しています。釈尊は死んではいないのです。

釈尊の遺言はなにか

釈尊は臨終に際し、付き添ってきた従弟のアーナンダに向かって、「私がいなくなった後、だれを師と仰ぐべきかと悩んでいるようだが、そのような心配をしてはならない。君たちのために私が説いた教えと私が制定した戒律が、私の死後の君たちの師となるだろう」と告げました。

これは釈尊が死後のために、修行者たちの生きる指針を教えたものです。教えと戒律と明言しています。つまり釈尊は教えと戒律のなかに生きているという意味です。教えを信じ、戒律をもって身と口と心を慎むならば、それが私（ブッダ）の生き方と二重写しになっていると説いています。

このことばの後、釈尊は遺言をアーナンダをはじめ多くの修行者たちに告げました。『原始涅槃経』に記述されたことばを紹介します。

さあ、修行僧たちよ、お前たちに告げよう、「もろもろの事象は過ぎ去るものである。怠ることなく修行を完成しなさい」と。

〈中村元訳『ブッダ最後の旅』〈岩波文庫〉一五八頁〉

つまり「ひとときも時は待ってはくれない。無常であり、迅速である。さらにものはひとときも同じ形を保っていない。無常であり、変化する。我が身も、我が身を取り巻く環境もみな無常である。恒常なものはない。常住のものはない。だから世間に生活するあいだは一時も怠ることがあってはならない。ひたすら正しいと教えられたことをくりかえし行い、習慣として身につくように修めなさい。我が身から煩悩が起こらなくなるまで努め励みなさい。」と遺言しています。

これを受け継いでいますが、少し説明的な内容を加えて『大乗涅槃経』は、つぎのように書いています。

すべての善男善女よ、自ら心を修め、慎んで、怠ることがあってはならない。私は背中の痛みを覚え、身体中が傷《いた》む。子供や病人が横になりたいと思うように横になって休みたい。文殊菩薩、君達はこれから多くの修行者や信者のために広く教えを伝えよ。いまこの教えを君に任せる。マハーカッサパ尊者とアーナンダ尊者の二人がきたら、この正法を伝えてもらいたい。

（田上太秀訳『ブッダ臨終の説法1』〈大法輪閣〉四〇一頁）

大乗仏教が起こってから作られたお経ですから、文殊菩薩（大乗仏教における智慧の権化といわれる）が登場するところが大きな違いです。ここには世間は無常とは書かれていませんが、怠ることがあってはならないということばが、なんとなくその意味を含んでいると考えられます。くり返し教えを実践すること、つねに身も口も心も慎み、修めることを遺言として伝えています。

釈尊の遺言のキーワードは、無常と精進（努力）の二つであったことを銘記しなければなりません。

7　衆縁和合の世界

釈尊は菩提樹の下で悟りを開き、その悟りの内容をもとに数多くの教えを説きました。では、それらのなかで基本となる教えは何でしょうか。

それはすでに説明した縁起の法（道理）です。これはそれまでのインドの宗教や哲学ではまったく説かれなかった思想であり、教えでした。この教えは古代インドに伝えられてきた思想と、どのように違うのか、古代インドの神話や哲学の思想を紹介しながら説明することにします。

古代インドの世界創造の神話

遡って西暦紀元前一〇〇〇年ころの時代に成立したといわれる『リグ・ヴェーダ』という聖典があります。これはインド・ヨーロッパ語族に属する最古の文献の一つであり、インド・アーリアン最古の聖典であり、そしてバラモン教の権威ある宗教書です。これは暗記され、暗唱されて後世に伝えられて来ました。

この聖典には世界が最初どのようにして造られたのか、そのいきさつがいくつか述べられています。

ヴィシヴァカルマン（すべてを創造する主）という神が木材や樹木を使って天地を創造したという説、あるいはブリハスパティ（祈禱《きとう》の神）という神が鍛冶屋《かじや》が熱した鉄をつないで作品を作るようにして世界を創造したという説、あるいはヒラニヤガルバ（黄金の胎児）という黄金の卵が大海のなかに現われ、これが世界の支配者となって山川、神々、その他を創造したという説などが書かれています。

ちょうど家を建てるように、また、鉄を溶接してさまざまなものを作るようにして世界は創造されたという神話が述べられています。

また、この聖典には、不死の巨人で、千頭・千眼・千足をもつプルシャという原人が最初にいて、この原人の身体の部分が解体して、それらから太陽・月、火・風・天・空・方位・生類などの万物が生まれたという神話があります。

たとえば、原人の眼から太陽が、口からインドラ（帝釈天）、アグニ（火の神）が、息から風が生まれ、臍《へそ》から空が、頭から天が、両足から大地が、耳から方角が生まれたと書かれてあります。

インドではカーストといって、人間の生まれによる階級あるいは職業による階級が制度化されていますが、これも原人の身体の部分から作られたといいます。そこには僧侶階級のバラモンは原人の口から、王族階級のクシャトリヤは両腕から、庶民階級のヴァイシュヤは両ももから、奴隷階級のシュードラは両足から生まれたとされています。

人間の階級は原人によって決められたという信仰は、『リグ・ヴェーダ』がヒンズー教の聖典であるかぎり、また現代のインド人の心に生き続けるかぎり、インドから階級制度はなくならないでしょう。

こんな創造説も書かれています。宇宙の最初はなにもなく、ただ暗闇《くらやみ》だけであったが、そこに「唯一つのもの」が自然に現われ、この「唯一つのもの」が意欲を起こし、その力によって世界は誕生したという創造神話です。

これは唯一つのものがいくつにも分裂して、数と量が増えてこの世界は作られたという神話です。

このような『リグ・ヴェーダ』の世界創造の神話は、のちの時代の多くの宗教や哲学の思想に大きな影響を与えました。バラモン教の聖典であるウパニシャッドという多くの聖典では『リグ・ヴェーダ』の世界創造の神話をうけて、かぎりなく変化しているように見える世界の本質は、唯一つの不変不滅《ふへんふめつ》の実体によって支えられている、と説きました。この実体をブラフマン（梵《ぼん》）と呼びました。

このブラフマンが増大して世界のさまざまな物は作られ、その個々の物にはブラフマンの分身であるアートマン（我《が》）が内在しているといいます。そして世界の根源であるブラフマンとその分身のアートマンとは在り方こそ違うが、実質は一つであると考えられるようになりました。これは私と世界の創造主、世界の根源であるブラフマンとは同じであり、ブラフマンの分身が私であるという信仰にまで発展しました。

このような古代インド人の、世界創造の神話あるいは宗教や哲学の思想は、人間の想像を越えた、ことばでも表すことができない唯一つのものから世界は創造されたあるいは展開した、という考え方です。

世界は変化し連続している

これに対して釈尊はこの世界にある物はいろいろの要素が集合して生まれ、存在していると説きました。それまでの創造説は私たちが感覚したり、想像したりできないものが世界を作ったと説いたのに対して、釈尊は見たり、聞いたり、嗅《か》いだり、味わったり、触《ふ》れたり、考えたりできる物が寄り集まって、それらがかかわり合って世界は作られていると説きました。

最古の仏典の一つである『法句経《ほっくきょう》』の第二十章につぎのようなことばがあります。

すべての形作られたものは無常である。
すべての形作られたものは思うようにならない。
すべての事物は私でないものである（私のものでない）。

これを要約すると、「この世界にあるものはみな千変万化《せんぺんばんか》していて、それらは私の思うように、欲するように、願うようにならないものばかりである。だからどんなものも、私でもなければ、私のものでもない」と解釈できます。

なぜ無常であり、私の思うようにならないのか、そして私のものではないのかという疑問が湧きます。これに答えたのが、前に説明した縁起の法です。つまり、すべてのものはみな寄り集まって、かかわり合って変化しているという意味です。

縁起とは「縁《よ》りて起こっている」と読み、この反対のことばは縁滅《えんめつ》で「縁りて滅している」と読みます。

形ある物そして無形のものは、みな陰に陽に種々のものが互いに依存しあい、互いに関係をもって生まれ、存在し、衰退し、そして消滅しています。この依存し関係しあっているあり方を縁起・縁滅といいますが、これを縁起のことばだけで表したのです。もとは仏教の重要な用語であった縁起ということばを、日常生活では吉凶《きっきょう》を表すときに使っています。本来の意味にはない使い方をしています。このように縁起を吉凶の意味と一緒に理解されることを避けるために、ここでは衆縁和合《しゅえんわごう》ということばを使うことにします。これは新造語ではなく、仏典のなかに使われていることばです。

衆縁和合の「衆縁」とはさまざまな原因と条件という意味で、「和合」とはさまざまな物が相乗作用、複合作用、そして融合作用してあるという意味です。衆縁和合とは世間にある、あらゆる物のあり方、あるいは現象は、いろいろの原因と条件が相乗・複合・融合して働いているという意味です。

このことばを使って釈尊の考えをまとめますと、世界は人間の想像を越えた、ことばで表せない唯一つの主、あるいは神などの力によって作られたのではなく、衆縁和合によって誕生し、そして存在しているということになります。

衆縁和合しているから、すべての形作られたものは無常です。衆縁和合しているから、すべての形作られたものは私の思うように、欲するように、願うようになりません。衆縁和合しているから、すべての事物は私のものではありません。

衆縁和合してすべてのものは生まれ、生存し、衰え、そして滅し、絶えず変化しています。衆縁和合してすべてのものは生まれ、生存し、衰え、そして滅し、これを繰り返し、相続しています。

生死・生滅《しょうめつ》・栄枯《えいこ》盛衰《せいすい》・貧富《ひんぷ》・老若男女・離合集散《りごうしゅうさん》・愛憎《あいぞう》・悲喜《ひき》・長短・大小・上下・高低・増減・明暗のさまざまなあり方は、みな衆縁和合によって生じています。はじめはまったく変化も区別も差別もなかったのが、衆縁和合して種々な変化や区別や差別が生まれました。これが世間の有様《ありさま》です。

衆縁和合しているから、ものは変化しつつ連続しています。これが自然界であり、現実の世界です。私たちの世界は一言で「衆縁和合の世界」といえます。

身体は要素の集まり

衆縁和合説は、生類の身体についてもいえます。

身体をサンスクリット語ではカーヤといい、集まりというほどの意味です。なぜ身体は集まりでしょうか。それは生類の身体は、地・水・火・風の四つの物質的要素の和合によってできていると考えたからです。身体は神が作ったものではなく、種々の要素の寄せ集まりであると考えました。

この考えは釈尊だけでなく、当時、唯物論者として有名なアジタという思想家も唱えていました。この点では釈尊も唯物論者の一人であったともいえます。しかしアジタと異なることを説いたことで、釈尊は唯物論を超えました。

たしかに身体は四つの物質的要素からできていますが、その身体には感覚的働きがあります。その働きを重視して、物質的要素（色《しき》）のほかに、感受・表象《ひょうしょう》・形成・識別という四つの感覚作用が考えられると説きました。ここで生類の身体はこの物質的要素と四つの感覚作用、あわせての五つのものが集まってできたという考えがまとまりました。

この五つのものの集まりを「五蘊《ごうん》」（五つの集まり）と表しています。有名な経典『般若《はんにゃ》心経《しんぎょう》』に「五蘊皆空《ごうんかいくう》」とある五蘊がこれです。

五蘊のなかの物質的要素（色）はいわゆる肉体と考えていいでしょう。四つの感覚作用はいわゆる心と考えていいでしょう。四つの感覚作用とは、くわしくは、見たり、聞いたり、嗅いだり、味わったり、触れたり、考えたりすることです。これらの感覚する働きをまとめて心と考えたようです。

ですから、肉体と心とはまったく別のものではありません。肉体そのものは感覚作用のかたまりであり、感覚しているものは肉体です。感覚作用のすべてである心と肉体とは別のものではありません。

五蘊の集まりとして身体を見るとき、心を一つの塊のように考え、肉体のなかに特別な実体として存在していると見てはなりません。

肉体が動けば眼・耳・鼻・内臓などの器官が感覚し、眼・耳・鼻・内臓などの器官が感覚すると肉体が動きます。物質的要素である肉体と眼・耳・鼻・内臓などの感覚作用の心とはことばの上の区別だけで、実際はどれが肉体で、どれが心であるか分別できません。身体は五蘊の衆縁和合《しゅえんわごう》によってできているというほかありません。仏教に「身心一如」ということばがありますが、これは身体は五蘊によって成るという意味です。

このように五蘊によって成る、あるいは身体は地・水・火・風の四つの物質的要素から成るという身体の衆縁和合）説を唱えた趣旨は、

一は生類の身体は神が作ったものでないこと、

二は生類の身体には神や霊魂などが本来宿っていないこと、

三は生類の身体は変化しつつ相続し、思うようにならず、私のものではないことを教えることにありました。

8　世界は膨張している

宇宙膨張論

今日、天文学の分野では宇宙は「膨張《ぼうちょう》」していると考えられています。それによると、約百五十億年前、現在私たちが観測している物質やエネルギーは、一円玉より小さい領域に収まっていましたが、それがものすごい早さで膨張し、冷えていったといわれています。

それから三十万年後くらいになると、宇宙は現在の一千分の一の大きさになり、ガス雲が発生し、やがて星になっていきました。星の集団が銀河を形成し、宇宙は現在の大きさの半分までになりました。

私たちの太陽系は五十億年前にできたといわれます。その頃の宇宙は現在の三分の二の大きさでありました。

要するに私たちの住む宇宙は、百五十億年前に物質とエネルギーが高温・高密度の状態から爆発して誕生したのです。このビッグバン（大爆発）の後、宇宙は膨張していき、それにつれて銀河、星、惑星、そして生命が生まれました。

現在、宇宙には観測できるだけでも、太陽と同じような星が十の二十乗個もあるといわれます。将来もこのように宇宙は膨張し続けるのか、あるいはいつかは萎《しぼ》んでしまうのか、まだその予想もつかず、結論も出ていないといわれます。

仏教とはまったくかけ離れた話ですが、じつはこの理論は、釈尊の考えのなかにあったといいたいのです。

すでに「衆縁和合の世界」と題した内容にそのヒントがあります。衆縁和合の法は宇宙膨張論を先取りした理論であったと考えられます。

もし衆縁和合を否定するものがあるとすれば、それは神による創造説を唱える科学でしょう。天文学の宇宙創造説はどこにも神による創造は述べていません。物質の爆発によって、それが膨張して宇宙は出来上がってきたというのですから、ここに神が介在する道理はありません。しかし神を立てる宗教ではこの爆発でさえ、神の仕業であると唱えるでしょうが、それは学問も科学もない神話の世界に遊んでいるとしかいいようがありません。

神による創造説はキリスト教やイスラム教やバラモン教などの考え方に共通してあります。釈尊は衆縁和合によって世界は生成されていると説いていますので、神を立て、神による世界創造を論ずる宗教思想とはその根底でまったく異なります。

数字の「0」の意味

この「宇宙膨張論」と釈尊の「衆縁和合説」と関連して、数字の「0」を考えてみることにします。まったく仏教と無関係であるように見える数字の「0」が、じつは大いに関係があります。その理由をつぎに説明しましょう。

数字のゼロは不思議な数字です。ある位に数がないところがあると、それを私たちは数字の0で表しますが、古代インドでは「・」を使っていたといわれます。これをインドでは七世紀頃に0の記号で表していたと考えられています。

記号の0が発見されたのは、中央インドのグパリアーにある小さな寺院で、壁に270と50の数字が彫ってあり、0が小さな円で記されていたと伝えられています。これは西暦八七〇年に彫られたものだといわれています。じつはこれより以前にブラフマグプタ（七世紀の人）が0の記号を使って計算をしていたとも伝えられていますので、すでに七世紀にはいわゆる数字の0は知られていたと考えられます。しかしその人物が使っていたことから、それ以前、おそらくは六世紀頃に数字の0は使われていたと推測できましょう。

いずれにしても0の記号は「・」とはまったく形の違った記号です。この0の記号が古代インド人によって考え出されました。これが数字の0として後に世界に伝播《でんぱ》し、定着しました。

「・」ではなく、「0」という形に大きな意味があります。それまでの「・」記号から「0」の記号になった経緯は、おそらく数字の0を表す原語の意味に秘密があると考えられます。

数字の0を表す原語は、サンスクリット語のシューニャという形容詞です。この語は一般には「なにもない、空っぽ、欠けている」などの意味で使われていますが、じつはこれの動詞語根は「膨《ふく》れる」という意味です。

この語は病的にむくみや腫《は》れ上がった状態を形容することばとしても使われていて、シューニャということばは「膨れている」の意味で使われていたようです。これが一般には「なにもない、空っぽ」の意味をもつことばで使われるようになりました。

なぜ「膨れている」から「なにもない、空っぽ、欠けている」となるのでしょうか。

それは風船を考えるとわかります。膨らむと形は大きくなり、中身がいっぱい詰《つ》まっているように見えます。しかし中身はなにもない、空っぽです。形はもっと大きく膨れても、その中身はなにも増えません。見せかけで実《じつ》を伴っていないことがわかります。

だから膨れる物はその形に見合うような内容をもたないもの、あるいは膨れる物は形が変わるので正体がつかめないもの、実体がないものという考えが一般的となったのでしょう。そこで膨れるという意味に、「欠けている、なにもない」という意味が付加されたと考えられます。

では、このシューニャの原語で表される数字の0は、最初「なにもない」という意味で使われたのでしょうか。

たしかに数字の0はプラス（＋）とマイナス（－）の両方向の数の起点になるので、「なにもない」と言えます。しかし10、100の数字のように1の数字のつぎに0を増やすと、その0は、たとえば10の0は1から9までの数を含んでいて、「なにもない」という意味の0ではありません。かぎりなく0を増やすと、その0の数はかぎりなく大きな数を含んでいることを意味しているのではないでしょうか。

したがって数字の0は数の起点では「なにもない」の意味ですが、「無限の数」も包含する、あるいは意味する数であるといわなければなりません。

インドの数の単位に「数えられない」（アサンキヤ）という単位があります。その上に「不可思議《ふかしぎ》」（考えられない・アチントヤ）という単位があります。この単位も0で表されています。不可思議の単位は一〇の六四乗、あるいは一〇の八〇乗ともいわれますが、ここに並ぶ数字の0は「なにもない」という意味の0でないことはいうまでもありません。

古代インド人はこのような膨張と虚無《きょむ》の二つの意味を表す記号を0の形で表し、これが数字の0となったと考えられます。この形を記号化したことは大きな発見であったといわなければなりません。

この数字の0をシューニャという原語で表したことも注目しなければなりません。虚無だけを表す原語はなにもシューニャでなくてもよいのです。ほかにいくらも適当な原語はあります。しかしこの膨張と虚無を合わせ持つ原語はほかにありません。シューニャはまさに数字の0のもつ働きをもっとも的確に表す原語といえます。

0という数字の発見と、その数字の原語をシューニャとしたことの二つは、古代インド人の偉大なる功績であると考えます。

世界は膨張している

0の数字がおそらく早くても紀元後六世紀ころに考え出されたとなれば、釈尊が活躍した時代からはるか後世の話です。ということは釈尊は0の数字を知らなかったと考えられます。しかし0の数字を表す原語の「シューニャ」は釈尊の時代には使われていましたので、この原語の意味を釈尊は熟知していたことはたしかです。というのも釈尊が説法の折にこの原語を多く使っている例がお経にあるからです。その意味は数字の0の意味と同じであったと考えられます。

釈尊の説法の中にあるシューニャのことばは、漢字に翻訳されたお経では「空《くう》」と表されました。じつは「空」の漢字そのものには「膨張している」の意味がなく、「なにもない、空っぽ、欠けている」の意味だけです。したがって「空」の漢字だけで理解すると、「なにもない、空っぽ、欠けている」の意味で前後の文を解釈することになる嫌いがあります。

「なにもない、空っぽ、欠けている」の意味をもつ原語は数多くあります。たとえば原始仏教に属する、パーリ語で書かれたお経のなかにリッタカ（空無な）、アサーラ（実質がない）、ツッチャカ（空《うつ》ろな）などのことばがあります。これらの意味はみるとおり、空っぽ、欠けているという、いわば虚無を表す意味しかありません。数字の0がもし虚無という意味だけをもつことばでよければ、これらのなかから原語を選んだでしょう。しかし数字の0の原語はシューニャでした。それはこの原語に膨張するという意味が含まれていたからではないでしょうか。

お経のなかでは、「すべての形作られたものは変化し（無常《むじょう》）、思うようにならず（苦）、私のものはない（無我《むが》）という現実がこの世間であり、それはみな衆縁和合して生成し、変化し、消滅している」（これは仏教の根本思想として知られる諸行無常《しょぎょうむじょう》、一切行苦《いっさいぎょうく》、諸法無《しょほうむ》

我《が》を解釈したもの）
という世間の事象を説明するときに、釈尊はこのシューニャのことばを使っています。
釈尊は説きました。

常によく気をつけ、我《が》に固執する考えを捨て、世界をシューニャ（膨張した〈もの〉）であると観察しなさい。（『スッタニパータ』第〔一一一九偈〕）

身体に宇宙の創造主ブラフマンの分身であるアートマン（あるいは霊魂）があるという考え方を捨て、世界はあらゆるものが原因となり、条件となって依存しあい、関係しあって膨張して、そして消滅していると観察するように教えています。

このシューニャを「なにもない、空っぽ、実体がない」の意味だけで理解しても間違いではありません。しかしそれだけでは虚無、空虚《くうきょ》を最初に印象づけることになってしまいます。

ここは、衆縁和合している世界を理解するにはシューニャを「膨張した〈もの〉」と理解しなければならないと考えます。

衆縁和合しているからこそ、ものは生成し、変化し、消滅しているのです。そして、ものはさまざまな形を作り、数も量も増え、かぎりなく原因と条件がそろえば、ものは出生し、変形し、死滅していきます。だから無常であり、自分の思うように、欲するようにならないのであり、そこにあるものに私のものはありません。この全体を世界と表し、この世界は原因と条件によって膨張しつづけていると釈尊は説いたのだと考えます。

世界はシューニャ〈膨張した〈もの〉〉です。これこそまさに宇宙膨張論です。

天文学では宇宙はインフレーション〈膨張〉の産物と考えています。物理学の熱力学部門ではエントロピーの法則といって、物は一方通行的に後戻りのない生成、増大によって乱雑になってゆくといいます。経済現象の一つとしてのインフレーションは、かぎりなくデフレと絡《から》みながら大きくなっていきます。人口も増えます。ゴミも増えます。物も増えます。すべては時が進むにしたがって増大・増加しています。すべてが膨張しています。すべて膨張したものです。

これは釈尊が説く衆縁和合の現象にほかならないと考えます。つまり、これが世間は「空」であるという意味にほかなりません。

前に釈尊は身体はものの集まりであると説いたことを紹介しました。身体は衆縁和合《しゅえんわごう》の産物です。したがって身体もシューニャです。

考えてみますと、私たちは母の胎内で目に見えない大きさから膨張しつづけ、誕生後も成長しつづけてきました。その間、決まった体型を持ちつづけ、同じ特徴を持ちつづけてきたわけではありません。だからその意味では身体の決まった形も正体もないので、五蘊《ごうん》は「空」であるという場合の「空」は空っぽ、正体が欠けていると理解できます。

しかし五蘊から成る身体は膨張し、さまざまな形や内容を増大していることは否定できません。数えきれないヴィールスを養い、病をもち、涙や鼻汁、フケ、汗、脂、糞尿、血液などをかぎりなく生産しています。エントロピーは増大しています。膨張している証拠です。

種々の経験を積み、多くの知識を習得し、雑多な悩みをもち、そしてかぎりなく煩悩を生み出しています。争い、いかり、憂い、悲しみ、喜び、楽しみなどの感情的動きはかぎりなく増えつづけます。

このような私たちの身体の内外に起こる事柄を観察したとき、それらはみな膨張しているもの、あるいは膨張したものと見、そこには本来の固定した形や実質はなく、無常であるという在り方をシューニャ（空）という一語で表したのであろうと考えます。

『般若心経』の「五蘊皆空《ごうんかいくう》」、あるいは「色即是空《しきそくぜくう》」にある「空」、「世間は空である」の「空」などを「膨張したもの」と理解したときに、その意味の深遠さ、広大さを知り、そして今日の科学の最先端の学説を先取りしていることに驚かされます。

9　善悪の心は作られる

心を支配し統べる

心は眼や耳などの感覚作用を総称することばだと前に述べました。したがって心そのものには形も色もなく、また、心のあり場所も定まっていません。心の住所は不定です。そのような心に人は縛《しば》られ、支配されています。

釈尊は『法句経《ほっくきょう》』につぎのようなことばを残しています。

心は動揺《どうよう》し、ざわめき、護《まも》り難《がた》く、制し難い。……

水のなかの住居から引き出されて陸の上に投げ捨てられた魚のように、この心は悪魔の支配から逃れようとしてもがきまわる。

心は捉《とら》え難く、軽々とざわめき、欲《ほっ》するがままにおもむく。……

心は、極めて見難く、極めて微妙であり、欲するがままにおもむく。……

心は遠くに行き、独《ひと》りで動き、形体《けいたい》なく、胸の奥の洞窟に潜んでいる。……
(中村元訳『真理のことば』岩波文庫第三十三から三十七偈までの要約)

毎朝、洗面所で鏡に見る顔のさまざまな表情は心の表われです。意思に反して誘惑されるのも、逆上するのも、興奮するのも、落ち着かないのも、妄想が起こるのもみな心の仕業です。姿を見せず、どこかにひそんで隙をうかがっているのが心です。

紀元後に作られた『大宝積経《だいほうしゃくきょう》』の「迦葉品《かしょうぼん》」に、釈尊のことばに似た説明があります。

心は風に似ている。遠くへ行き、捉《とら》えられず、姿を見せず動く。
心は川の流れに似ている。とどまることがなく、生じるとすぐに消える。(第九八節)

心は空《そら》に似ている。知らないうちに汚れてしまっているから。
心は画家に似ている。さまざまな業《ごう》を描き出すから。
心は一定の場所に静まることがない。
心は一人歩きをする。
心は敵《かたき》に似ている。すべての苦悩を引き起こすから。(第九九節)

ここでも心は風来坊《ふうらいぼう》で、根無し草のようで、幻のようで、つかみどころがないといっています。

注目すべき文は「心は画家に似ている。さまざまな業を描き出すから」です。絵描《えか》きは真っ白なキャンバスに、もともとまったくなかった絵を自在に描《えが》き、一つのものの存在空間を作ります。あるいは一つの世界を描きます。心もこれと同じように思いもしない行ない（業）を起こすと述べています。

この文と同じことが『華厳経《けごんきょう》』の「明法品《みょうほうぼん》」のなかにもあります。

心は工《たく》みな画師《がし》のごとし。種々の五陰《ごおん》を画く。一切世界のなか、法として造らざるはなし。

（心はさながら巧《たく》みな技法をもつ画家のようで、身体のさまざまな生きざまを演出する。世間にあるもので心が作り出さないものはない。）

心がさまざまな行ないを作り出し、人々を苦しめているという意味です。人の苦悩が絶えないのは、心をしっかりとコントロールできないからと説いています。

そこで、心を支配し統《す》べることができた人は世界の支配者になれると釈尊は教えました。心を支配し統べるために禅を修《おさ》めなければなりません。禅を修めると心を支配し統べることができるからです。

禅ということばはサンスクリット語のディャーナの音訳語である禅那《ぜんな》あるいは禅思《ぜんし》の、それぞれ那と思が脱落して禅だけが独立したものです。意訳して「静慮《じょうりょ》」といい、「静かに考えること」という意味です。

禅とは、心を制御し、心のはたらきを観察して、いまのさまざまな悩みや苦しみなどの原因はなにか、そしてその原因が勢いづいて悩みや迷いを引き起こすような補助的要因はなにかなどについてよく観察し考えることです。

もし日常会話のなかでこの禅に代わる適正なことばを求めると、注意がそれに当たります。注意は余りにも日常語で、宗教的なことばを表すには適しないと思う人があるかもしれません。しかしこの注意のことばそのものが仏教用語です。

注意とは心（意）を注ぐ（注）ことで、ある一つのことを正しく記憶して、それを実現するためにすべての感覚を集中することです。専《もっぱ》ら心を一つにして集中することです。これこそ禅です。

だから行住坐臥《ぎょうじゅうざが》、すなわち歩いているときも、じっと止《とど》まっているときも、坐っているときも、そして横になっているときも、注意を怠ってはなりません。行住坐臥すなわち禅と釈尊が説いた意味はこれです。

心を乱す原因と条件を観察して、それらを取り除くために釈尊は禅の修行を勧めました。行住坐臥の行動のなかに禅をくりかえし行うことで、自然と心を支配し統べることができるからです。

幸せを得る方法

落ち着かず、欲するままに動き、捉えがたい、そしてあらゆる悩みや苦しみを引き起こすという住所不定の心の本質は一体、善なのでしょうか、悪なのでしょうか。

この疑問に答えることばを釈尊は『法句経』（第一・二偈）に残しています。

ものごとは心にもとづき、心を主《ぬし》とし、心によってつくり出される。もしも汚《けが》れた心で話したり行ったりするならば、苦しみはその人につき従う。

ものごとは心にもとづき、心を主とし、心によってつくり出される。もしも清らかな心で話したり行ったりするならば、福楽はその人につき従う。

（中村元訳『真理のことば・感興のことば』岩波文庫より）

ものごとはみな主人公の心によって作り出され、その心に支配されていると説かれています。詳しくいいますと、人は自分のまわりの物を感覚し、それに刺激されてさまざまな感情を起こします。

多くの場合、まわりの物から刺激されて、それに踊らされて人々は動きます。私を見失い、物に振り回されて迷い、悩むことになります。少なからず憤《いか》りや恨みや憎しみやねたみなどの感情を起こします。時には争いを引き起こします。これが私たちに大きな煩悩となります。すなわち私にとって悩みとなり、煩《わずら》いとなります。

これらの煩悩によって私たちは苦しみを味わいます。苦しみ、つまり思い通りにならないことが増えるとさらに憤り、恨み、憎しみ、ねたみの感情を起こし、ますます争い事が増えることになります。このようにして雪だるま式に煩悩を増大し、苦しみの重みを以前より感じることになります。

「もしも汚《けが》れた心で話したり行なったりするならば、苦しみはその人につき従う」とはこのことを言ったのです。憤り、恨み、憎しみ、ねたみ、むさぼり、驕り、わがままの気持ちなどをもって話したり、行なったりすれば、相手は売りことばに買いことばで、同じように憤り、恨み、憎しみ、ねたみ、むさぼり、驕り、わがままの気持ちなどで応《こた》えるし、仕返しをすることでしょう。そうなると悩み、苦しむのは私です。

反対に慈《いつく》しみとあわれみの心で相手に話したり、行なったりすると相手も穏やかな心で応対するでしょう。そのとき、お互いが穏やかになります。これが私に幸せをもたらすことです。本当の幸せは、人と人の心の穏やかな触れあいから生まれることを教えています。そのとき、私がまず慈しみとあわれみの心をもって、相手に接することからはじめなければなりません。この慈しみの心の行ないが、世間に慈しみにあふれた人々の生活を描き出すのです。

このように人々に対して慈しみとあわれみの心を起こすこと、これが善い心です。反対に人々に向かって恨みやねたみや怒りなどの心をもって話したり、行なったりすると、その心は悪い心といわれます。心に本来、善い性質の心とか悪い性質の心とかはありません。善悪の心は行ないによって作られると釈尊は説いています。

人の心の善悪は、種々の条件によって作り出されます。条件次第で人の心は善くもなったり悪くもなったりします。

善い心も悪い心も、つまりは衆縁和合《しゅえんわごう》の産物です。心は住所不定の代物《しろもの》で、捉えどころがなく、風来坊で、さまざまな汚れ、煩悩を引き起こすものです。とはいえ、心といわれるものの正体がつかめないのですから、生来《せいらい》、善とも悪ともいえません。

ただ、人が慈しみやあわれみの気持ちをもって人々に接して、人々のためになることをしているうちに自然《じねん》に善い心が培《つちか》われると教えています。だから善悪は衆縁和合にしたがって起こるといい、これが善い心、そして悪い心を作ります。

慈しみの気持ちで人々に接していると、自然に善い心が作られ、これが幸せのもととなります。もし恨みやねたみや怒りなどの気持ちで人々に接すれば、自然に悪い心が作られ、これが苦しみのもととなります。

ブッダは悪いことをしない人

では、清らかな心をもちつづけるにはどうすればよいのでしょうか。これについて釈尊はつぎのことばを『法句経』(第一八三偈)に残しました。

もろもろの悪いことをせず、
もろもろの善いことを行ない、
自らその心を清めること、

これがもろもろのブッダたちの教えである。

この詩偈《しげ》にどんな説明がいるでしょうか。子供でさえ読め、理解できる内容です。これほどやさしいブッダになる教えがあるでしょうか。ブッダになる道はこの一偈に説き尽くされているといってよいでしょう。

この詩偈を注意して読んでみますと、命令口調がないことに気づきませんか。「悪いことをしてはならない。善いことをしなさい。その心を清めなさい」という命令文ではありません。

悪いことをしてはならないという規則を守ることではなくて、悪いことをしないという習慣を身につけることを教えています。「――しなさい」という規則に縛《しば》られて悪いことをしないのではなく、習慣として悪いことをしないという生き方を説いています。

悪いことができない習慣が身につき、さらに善いことしかできない習慣が身について、さらにその気持ちにけっして煩悩が生じないように清楚《せいそ》な生活を送れば、身も心も清まると教えています。

したがって悪いことをしない習慣、善いことをする習慣を身につけて、その気持ちを汚さない生活をつづけると、だれでもブッダになれると釈尊は教えました。

ブッダとはどんな悪いこともできなくなった人だとわかりました。なぜならそれが習慣として身についているからです。

悪いことをしないといいますが、それはどんなことでしょうか。

釈尊は生きものを殺さないこと、嘘をつかないこと、盗みをしないこと、不倫をしないこと、酒を飲まないことの五つを基本的な習慣としてあげました。

ところが私たちは日常生活のなかで、これら五つに違反しないように実行することは不可能です。もし完全に実行しようとすれば、世俗の生活や生業《せいぎょう》を捨てなければできません。しかし世俗の生活を捨てなくても、これを実行してゆくにはどうすればよいのでしょうか。

この五つが教えていることは人の心が引き起こす、代表的な悪を禁じていることに気がつかなければなりません。考えてみてください。殺生、嘘をつくこと、盗むこと、不倫、飲酒の五つを大いに奨励している国や社会や家庭や学校がありましたか。決して過去においても奨励しなかったし、現在もそして未来もないでしょう。

私たちは生きものを殺さないこと、嘘をつかないこと、盗みをしないこと、不倫をしないこと、酒を飲まないことの五つの習慣を実行するように努力し、もし犯したら反省し、懺悔《ざんげ》する気持ちをいつも起こすようにしなければなりません。これを怠るときに私たちは苦しみを味わうのです。

人を差別してはならない

ブッダの教えでは、心には本来、善い心も悪い心もないと説きます。したがって生まれたときから善人も悪人もいません。善人といわれる人も、また、悪人といわれる人も各人のそれぞれの行ないが人のためになることをしているか、あるいは人のためにならないことをしているかによって決まると説いています。

社会では生まれつきの身分や経済的な貧富《ひんぷ》などの違いによって、また、職業の種類によって差別されますが、この差別について右の教えとのかかわりで釈尊はどのように説いているかを考えてみましょう。

身分の高い人はみな善人でしょうか。身分が低い人はみな悪人でしょうか。身分が高い人はみな人格者でしょうか。身分が低い人は卑《いや》しい人でしょうか。

貧しい人はみな悪人でしょうか。貧しいから卑しい人ではありません。富裕な人はみな善人でしょうか。富裕だから高貴な人ではありません。

人は貴賤《きせん》や貧富によって差別されるのではなく、人それぞれの行ないが善であるか悪であるかによって差別されるべきだと釈尊は教えています。なにを人々にしてあげたかによって人の価値が決まるようです。慈《いつく》しみの心で善いことをしてあげることが善行であり、その善行の人が善人であり、高貴な人です。

パーリ『律大品《りつだいほん》』にある釈尊のことばに耳を傾けてみましょう。

人には種々《しゅじゅ》の種類がある。心の曇りの少ない人、曇りが多い人、また、賢い人、愚かな人がいる。善行《ぜんこう》の人、悪行《あくぎょう》の人、また教えやすい人、教えにくい人がいる。

（中略）

その差別の上に、さらに男女の区別がある。しかし人という本性に差別はない。男が道を修《おさ》めて悟りを得《う》るように、女もまた道を修めれば、しかるべき心の道筋を経て、悟りに至るであろう。

人は生来、男女の区別、皮膚の色の違い、能力の違い、体格の違いなど種々の差別があります。その点では平等に生まれているとはいえません。しかしそのような理由で人として生まれた者たちの間で差別が行なわれることは許されません。人が人を差別してよい道理はありません。

世界宗教だけにかぎらず多くの宗教の教義のなかで、性差別があることは周知の事実です。教義の上だけでなく、教義にもとづく儀礼、信仰生活においても、女身《にょしん》をもって生まれたという理由だけで男性から差別され、蔑視《べっし》され、虐《しいた》げられてきました。現在でもこれが行なわれている現象は人の道を説く宗教の大きな欠点だと考えます。これは宗教の改善すべき、そして反省すべき汚点です。

人の姿形だけで、色が黒い、貧しいというだけで差別される例もあります。よごれ仕事に従事《じゅうじ》しているから、学歴がないから、また、言い伝えで差別される。これは世間の悪弊《あくへい》です。

いわれなき歴史的な言い伝えで差別される人々もいます。これによって社会的にも蔑視され、虐待を受けてきたし、受けています。

差別の根源は人の心に宿る傲《おご》りにあります。傲りがなくならないかぎり人は人を差別し、軽蔑しつづけると考えます。

本当に差別されなければならない人は悪行を重ねる人です。軽蔑《けいべつ》されるべき人は悪い習慣に染まって、傲りの心をもつ人です。そのような人こそ軽蔑されるべきです。

10　私がいちばん愛しい

我が身を犠牲にしてまで人のために尽くす人がいます。どうしてそのようなことができるのでしょうか。

考えてみると、その人は必ず我が身に引き寄せ、私がこの人のように困っていたら、どのようにしてもらいたいだろうかと考えるでしょう。つぎに私ならこんなことをしてもらいたいという気持ちを相手に置き換えて、その人に最も喜ばれるようにしようと、行動に移すのだと考えます。

相手が喜ぶことはもともとは私がしてもらいたいことであり、相手の喜びはもともとは私の喜びであるという気持ちが、我が身を捨てて尽くすことになるのだろうと考えます。

もちろん人によっては、我が身を犠牲にするほどの善行にはなにか強い信仰に裏付けられている場合もあるでしょう。それは神の最も望まれる行ないで、それが来世で神のもとに行ける善行であるとすれば、今のこの身はなにも、欲に染まって生き長らえるもの、愛着するに値するものでもないと考えることでしょう。

また、来世で諸仏が住む浄土へ行くことが約束されるならば、自他共に往生したい。自らが往生する前に人を先に往生させたい。そのためには我が身を犠牲にして往生させてあげたいと思う人もいるでしょう。

考え方によりますと、浄土に往生したい、神のもとに召されたいという信仰から、我が身を犠牲にした善行は動機が不純だという人もいるでしょう。確かに表面的には見返りを、あるいは我が身の落ち着き場所を欲しがった善行と思われますが、私たち凡人の善行はこのような信仰に裏打ちされていなければ、我が身を犠牲にする善行はできないのではないでしょうか。いってみれば我が身可愛さの気持ちが根底に流れているのではないでしょうか。

ここでは人の善行は一体どのような気持ちから行なわれるのか、行なわれなければならないのかについて、釈尊の教えのなかから探ってみようと思います。

生まれてくる者も幸せであれ

慈悲《じひ》とは慈《いつく》しむことと、悲《あわ》れむことを一つにした合成語です。

慈しむとは友となって協力する心を表すことばです。悲れむとは苦痛に同情し、癒してやりたい心を表すことばです。

要するに慈と悲との合成語である慈悲は相手に勇気と力を与え、苦しみを取り除いてやりたいという気持ちを表したことばです。つまり苦しみを抜き、楽を与えることを仏教用語で抜苦与楽《ばっくよらく》といいます。これは慈悲をわかりやすく言い表したことばです。

キリスト教では神の愛はすべてに差別なく、だれにも与えられるといわれますが、その根底には神を信じる人だけにという制約があります。また、驚くべきことに神の愛は人以外の動物には及ぼされていません。

これと比べて釈尊《しゃくそん》は、人だけでなくあらゆる生きものに対しても慈しみと悲《あわ》れみの心を及ぼさなければならないと教えました。

『スッタニパータ』につぎのようなことばがあります。

一切の生きものは、幸福であれ、安穏《あんのん》であれ、安楽であれ。（第一四五偈）
いかなる生類《しょうるい》であっても、怯《おび》えているものでも強いものでもすべて、
長いものでも、大きなものでも、中くらいのものでも、短いものでも、
細かなものでも、大きなものでも、目に見えるものでも、見えないものでも、
遠くに住むものでも、近くに住むものでも、
すでに生まれたものでも、これから生まれようとしているものでも、
あらゆる生きものは、幸せであれ。（第一四六―一四七偈）

弱いもの、おびえているものだけではなく、強いものにも、目に見えるものだけでなく、見えないものにも、近くにいるものだけでなく、遠くにいるものにも、いま生きているものだけではなく、これから生まれてくる生類にも慈悲《じひ》の心を及ぼさなければならないと説いています。

とくに「これから生まれようとしているもの」にも慈悲の心を及ぼすという文句は最も印象的です。一体、このような文句をほかの宗教の聖典にみることができるでしょうか。

私たちはいま生きている生類だけに慈悲の心を及ぼすことを強調しています。ところが釈尊は、将来生まれてくるであろう生類が幸福で、安穏で、安楽であることを念願しています。

これには生まれくる生類のために、いま生きているものたちがよい環境を残していく義務があるという教えでもあると考えます。

私がいちばん愛しい

なぜでしょうか。それはこの地球上に存在している有形・無形のものはみな衆縁《しゅえん》和合《わごう》して生活し、生成し、そして運動しているからです。衆縁和合しているからお互いは目に見える形でも見えない形でもかかわっています。たとえば私の身の周《まわ》りにいない人、また、わが国の人だけでなく、外国の人もみな私にかかわりがあり、私はその人々のお世話になっているといわなければなりません。と同時に、その人たちも私とかかわりがあり、私のお世話になっているといわなければなりません。

直接ではないのでかかわりがないように考えますが、衆縁和合の世界ですから、みなかかわって生きています。助けあって生きています。衆縁和合の道理を忘れてはなりません。だから生まれてくるであろう生類にも慈悲の心を及ぼさなければなりません。その生まれてくる生類に必ずかかわってお世話になるからです。

衆縁和合しているから、選ばれたものだけでなく、あらゆるものに慈悲の心を及ぼさなければなりません。差別なく、どんな人にもどんな生類にも平等に慈悲の心を及ぼすことが世界の幸せを実現することにつながります。

世界のすべてのものが衆縁和合しているから慈悲の気持ちを及ぼすのだ、という意味はわかります。しかしそれでも、まだ実感として私のなかにはその慈悲をなぜ起こさなければならないかという疑問が残ります。

改めてなぜ慈悲の心を起こさなければならないのでしょうか。

釈尊は『法句経《ほっくきょう》』につぎのことばを残されました。

もしも人が自己を愛《いと》しいものと知るならば、自己をよく守れ。一五七）……

（中村元訳『真理のことば』岩波文庫より）

私（自己）がもっとも愛しいと考えるのが人の常でしょう。親よりも兄弟姉妹よりも、夫よりも妻よりも、子供よりも、突《つ》き詰《つ》めれば、私がもっとも愛しいとだれでも考えていると、釈尊はいい、それならば人は自分を正しく守る姿勢をもたなければならないと説きました。

このことばが残された経緯《けいい》は、コーサラ国のパセーナディ王と彼の妃《きさき》マッリカー夫人が交わした会話から始まります。『相応部経典《そうおうぶきょうてん》』にそれがしるされています。

ある時、コーサラ国のパセーナディ王は、王妃マッリカー夫人とともに宮殿にいました。突然、国王は妃に尋《たず》ねました。

「君に自分よりも愛《いと》しい人がだれかいるかね」

「大王、私には自分よりもさらに愛しい他人はいません。あなたにとってもご自分よりも愛しい人がおられますか」

「マッリカー、私にとっても自分よりも愛しい他人はいない」

そこでこのことを世尊《せそん》に伝えたとき、世尊は詩偈をもってつぎのように述べました。

「どの方向に心で探し求めても、自分よりもさらに愛しいものをどこにも見つけだすことはできなかった。そのように他人にとっても各々の自分が愛しいのである。だから自分を愛する人は他人を害《がい》してはならない」


国王にしてみれば、妃からあなたが最も愛しい人ですという答えを期待していましたが、「私がもっとも愛しい」と告げられました。考えてみますと、国王自身も自分がもっとも愛しいことに気づいたのです。

二人はここでやり取りした気持ちが正しいかどうかを尋ねようと釈尊のもとに出かけ、意見を伺いました。すると右に紹介したように、釈尊は自分より愛しいものはいないという答えでした。意外な返事でした。


ここで見落としてはならないことは、最後に、「そのように他人にとっても各々の自分が愛しいのである。だから自分を愛する人は他人を害してはならない」という文です。

「私がもっとも愛しい」と述べていますので、釈尊は個人主義者ではないかと疑問を抱きます。しかしこの後につづくことばで疑問は解《と》けます。だれも自分がいちばん愛しいと思っているのだから、それだからこそ相手に危害を加えてはならないと釈尊は教えていま す。

一種の個人主義的な考え方ではありますが、決して個人主義を強調したわけではありません。

私たちはだれでも私自身を愛しいと思っています。私がいちばん愛しいと思っているなら、私と同じように他人も一人一人が自分を愛しいと思っているはずです。いや思っています。私自身がいちばん愛しいと思っている人々がひしめき合って、これまで、そしていまもこの世間に生活しています。だからその気持ちに私の心を置かなければなりません。思いを及ぼさなければなりません。

私を愛しいと思っている者たちがお互いの気持ちを理解しあうならば、お互いを傷つけたり、差別したり、いじめたり、害したりすることがあるでしょうか。

釈尊が慈《いつく》しみ、そして悲《あわ》れみの心を、いま生きている生類だけでなく、これから生まれてくる生類にまで及ぼさなければならないと説いた理由は、生類はみな「私がいちばん愛しい」と思っているという一点にあったと言えます。

世界は共同体

私自身がいちばん愛しいと思っている者は、だれでも自分を守ろうという気持ちを持っています。私を守る気持ちがあれば、同じように他人が自分自身を守ろうとする気持ちを汲《く》み取《と》り、他人の私を守らなければならないと釈尊は説きました。

私だけを守るなら、他人も私だけを守り、互いに自己中心的な考え方、生き方をし、そこに争いが生まれます。そこで私が私を保護したいという気持ちを持つと同じように、他人を保護してあげたいという気持ちを起こせば、私も他人も保護され、互いに安堵《あんど》することになります。

私を守るとか、保護するとは、なにを守り、保護することでしょうか。

それは私の身心を正しく律することを意味しています。

具体的には口を慎《つつし》むことです。つまり嘘をつかない、二枚舌を使わない、悪口をいわない、お世辞をいわないなど、ことばを慎むことです。

つぎに身を慎むことです。つまり殺生をしない、盗みをしない、不倫をしないことです。

つぎに心を静め、慎むことです。つまり憤《いか》りやむさぼりや驕りの気持ちを持たないことです。

このように身を通して私を守ることが私を保護することです。また、これが身を清めることでもあります。鳥が、羽毛《うもう》についた塵《ちり》を身を振るって取り除くように、悪を離れるのです。

このように、一人一人が慎みある生き方で私を保護すれば、とくに平和国家とか理想世界とかの実現にいろいろの手立てを講ずることもなく、争いのない共同体が生まれると釈尊は説いています。

国や社会や家などのそれぞれの単位で考えれば、共同生活しているようには考えられませんが、宇宙単位に地球を考えると、地球のすべての国も民族も人種も、みな一つの家族といってもよいのです。地球のなかで、人も動物もみな衆縁《しゅえん》和合《わごう》して生活していると互いに理解しあえば、争いが起こるはずはありません。地球は一つの家族であり、共同体と考えられます。

一一　平和な世界を実現する法

釈尊に帰依した修行僧の集まりをサンスクリット語で「サンガ」といいます。サンガとは共同体という意味です。経済用語の「組合」ということばに当たります。

サンガはものごとを合議によって運営する集まりで、一応の意見の一致があり、心も和合している共同体です。

仏教教団は、仏・法・僧といってブッダ（仏）と教え（法）と修行僧の集まり（僧）という三つの柱をもって表しますが、このなかの僧はサンガの音訳語である僧伽《そうぎゃ》の伽がとれて僧だけが独立して使われたものです。現在では僧は個人のお坊さんの呼び名と考えられていますが、じつはこれは共同体を意味することばで、お坊さんは僧のなかの一人であり、仲間です。

このサンガの理念は、仏教教団だけにかぎらず、社会全体にも実現されなければなりません。すべての人々が平和に暮らすことができるために、すべての人々の意見を結集して、もっとも多くの人々の利益になることを実現しなければなりません。人々の意見を集めることは大事ですが、その人々がお互いにどのような心をもって接しなければならないかという点も重要です。心の持ち方がサンガの実現を左右します。

そこでサンガの実現はどうすれば可能となるでしょうか。これについて釈尊に聞いてみることにしましょう。

六つの方角に礼拝すること

お経のなかに、東西南北と天上と地下に向かって礼拝すると、平和な人間関係を築くことができると説いた『六方礼経《ろっぽうらいきょう》』があります。このお経の原典の題名は『シンガーラ青年への教え』といいますが、内容が六つの方角に礼拝することの意義を説いているので漢字で『六方礼経』と訳されています。

このお経の内容を説明することがここの目的ではありませんが、簡単に紹介しておきます。

ある朝、釈尊は托鉢のためにラージャガハの町に入ったとき、資産家の息子シンガーラ青年が四方に向かって礼拝している姿を見ました。

釈尊は、青年にどうして四方に礼拝しているのかと尋ねました。すると青年は、「父がなくなる前に『どんな方角でもいいから礼拝しなければならない』と教えてくれました。

しかしそれがどんな意味を持つかを知りません」と答えました。

これを聞いた釈尊は、方角への正しい礼拝とその意味を語りました。それを記録したお経が『六方礼経』です。

では、六つの方角への礼拝の意味はなんでしょうか。


東方への礼拝は、母や父への礼拝と知らなければならない。

南方への礼拝は、先生への礼拝と知らなければならない。

西方への礼拝は、妻子への礼拝と知らなければならない。

北方への礼拝は、友人・仲間への礼拝と知らなければならない。

下方への礼拝は、従業員・労働者への礼拝と知らなければならない。

上方への礼拝は、修行者・バラモンへの礼拝と知らなければならない。


このお経のなかにはそれぞれの方角に人を配置して、その人々とのかかわりがどうあるべきかをいま生活している自分の立場から説いています。円満な人間関係を実現するための心構えを教え、生きる指針を説いたお経です。

現代でも四方に向かって礼拝する人はいます。四方拝とまでいかないまでも、東に向かって太陽を拝む人は多いと思います。どんなに科学が進んでも、人力を超えた自然の力の恩恵を受けていることに敬虔な心を表している人たちです。これを忘れている人が自然への傲りをもち、自然破壊に突き進んでいるように思えます。

いま、ここで取り上げたい項目は「北方への礼拝は友人・仲間への礼拝と知らなければならない」と説いた内容です。友人・仲間と書いてありますが、原語では同胞《どうほう》のことです。同胞は「はらから」とも読みます。同じ胎《はら》から生まれたものという意味です。

地球上に住む人々はみな同じ地球の胎から生まれた生きものと考えているようです。サンスクリット語のミトラは友という意味ですが、古い意味に同じ血統のものという意味があります。古代インド人も友は同胞《はらから》と考えていたようです。

このお経では、北方を礼拝するのは同胞への礼拝だと説いています。では、その礼拝と心構えはどうあるべきでしょうか。

そこにはつぎのように書かれています。

良家の子は、北方に相当する同胞につぎのように奉仕すべきである。

与えること。

親しみあるやさしいことばで語ること。

人のために尽くすこと。
協同すること。
欺《あざむ》かないこと。

なんでもないことを説いていますが、日常生活で実行するのはむずかしいことです。とくに五つのなかで前四つが重視されて、仏教では四摂法《ししょうぼう》（四つの愛護の態度）として多くのお経のなかに説かれました。

四つの愛護の教え

争いのない共同体はどうすれば実現できるでしょうか。釈尊は右の四つの愛護《あいご》の気持ちを互いに持つことで実現できると教えました。

その四つとは、与えること、親愛のことばで語ること、人のために尽くすこと、協力することの四つです。仏教用語では与えることは布施《ふせ》、親愛のことばは愛語《あいご》、人のために尽くすことは利行《りぎょう》、そして協力することは同事《どうじ》といいます。

あるお経のなかでは、弥勒菩薩《みろくぼさつ》が未来世に救世主としてこの娑婆《しゃば》世界に現われたとき、この四つの愛護の教えをもって理想郷を建設すると書かれています。また、ほかのお経では国王が理想国家の実現には、この四つの愛護の教えが必須条件であると述べられていま す。円満な家庭もこの四つの実践にあることを『ジャータカ』という本は教えています。

仏教の平和論は四つの愛護の教えにもとづいていることを銘記しなければなりません。

では、その四つの愛護の教えの一つ一つについて考えてみることにしましょう。ここで紹介する『阿毘達磨集異門足論《あびだつましゅういもんそくろん》』という書はあまり一般に知られていませんが、四つの愛護の教えがわかりやすく説かれていますので、これをもとに考えてみましょう。

①　与えること――布施

問い。なにが布施の態度でしょうか。

答え。布施とは施す人が沙門《しゃもん》（修行僧）及び、バラモン、貧しい人、苦行者、仏教の修行者、托鉢《たくはつ》する人などに飲食物、薬、衣服、花、塗り香、独房、寝具、明かりなどの物を与えることをいいます。

また、つぎのことを知らなければなりません。あらゆる布施のなかで教えを与えることがもっともすぐれていることです。これが与えることです。

愛護とは布施によって他人をひとしく愛護し、他人を近くで愛護し、互いに親しく

することです。（『阿毘達磨集異門足論』第九巻四法品〈以下、同じ四法品から引用〉）

与えることに物の布施と教えの布施があることを述べています。修行者は生産活動をせず、ひたすら修行に専念しますので、修行者は信者からの布施を受ける側にあります。したがって右の説明のなかで前半は修行者の布施ではなく、信者の布施を意味します。後半は修行者から信者に対する布施を意味しています。

修行者は信者の布施を受けたら、必ず信者の心の支えになる教えを与えることが大切です。このように修行者は信者に教えを、信者は修行者に物をたがいに与えることで支えあうことになります。

信者が布施するのは死後、天に生まれたいという願いをかなえたいためです。修行者からその折に教えを受け、善行《ぜんこう》を積むなら、来世は安楽な生まれが約束されると信じていたのです。

だから人々は修行者に布施をしなければならないと考えていました。

一方、修行者は信者からの布施によって修行がつづけられ、悟りを得ることができます。最高の境地に至ると、悩みを解決する方便《ほうべん》をもって人々を救うことができます。これが信者からの布施に対する恩返しになります。

修行者が托鉢をしなければ信者は布施ができません。布施ができなければ信者は教えを聞くことができません。托鉢をされて信者は物の布施ができます。托鉢を通して修行者は教えの布施ができますが、托鉢は教えの布施以上の重要な意味を持っています。その意味では托鉢は修行者の一種の行《ぎょう》といえます。これに対して布施は信者の一種の行といえます。修行者は托鉢の行を通して、信者は布施の行を通して、それぞれが支えあっていたのが仏教の共同体であったといってもいいでしょう。

『涅槃経《ねはんきょう》』の「梵行品《ぼんぎょうぼん》」が説く布施の心を紹介して、ここの部分の結びとします。

施《ほど》すときに、これを受け取る人の素行《そこう》が善い人か悪い人か、能力のある人か、ない人か、学識がある人か、ない人かなど選ばない。

また、器量がある人か、ない人かも選ばない。

施すにあたり、時や場所を選ばない。また、飢饉《ききん》のときとか、豊かなときとか選ばない。

過去・現在・未来にわたって生類であるか生類でないかをみて、幸福であるか幸福でないかを選ぶことをしない。

また、施す人の善《よ》し悪《あ》し、受ける人の善し悪し、また、施す物そのものの善し悪しなどを選ばない。

施したことによる果報《かほう》がすぐに消えるのか、長くつづくのかを考えることがない。

いつも絶えず施しつづける。

②親愛のことばで語ること――愛語

問い。なにが愛語の態度でしょうか。

答え。愛語とは相手が喜ぶことば、味わいのあることば、柔和な顔とやさしい眼で語ることば、顰蹙《ひんしゅく》を買わないことば、笑顔で、目の前で語りかけることば、先に「元気？」とか「どうしている？」と声をかけることば、愛されることば、「ようこそ」ということばなどです。

たとえば「ようこそ、青年。この頃、生活は苦しいか、うまくやっているか、元気にやっているか。食べ物や飲み物、着る物、寝具、ほかのいろいろの物で困っていないかね」というように、いろいろと生活の苦楽や状況などを尋ねることばが「ようこそ」ということばです。

また、つぎのことを知らなければなりません。

この「ようこそ」ということばと前のことばなどを含めて愛語といいます。

愛語のなかでもっともすぐれていることばは、善男善女を導いて教えに耳を傾けさせて、時々説法し、時々は諭《さと》し、時々は道理を説いて疑問を晴らしてやることです。

ここの説明では私たちがよく使う「ようこそ」が愛語の代表的なことばです、と述べています。「ようこそ」と訳されるインドの原語はスワーガタムといい、「よくいらっしゃいました」という意味です。これを漢訳のお経では「善来」と訳しています。

右の説明にあるように「ようこそ」はいろいろの意味を込めたことばです。相手に対して最初に「ようこそ」と呼び掛けたら、だれ一人嫌な気分になりません。このことばは親しみをもって相手を受け入れる意思があることを強く伝えます。

時代を超えて、国境を超えて、人々が円満に付きあうための最初のことばは「ようこそ」にあることを教えています。

③　人のために尽くすこと――利行

問い。なにが利行の態度でしょうか。

答え。利行とは人々が重病にかかったり、災難に出会ったり、事故に遭《あ》って助けを求めたりしているとき、すぐにその場所に行き、慈悲の気持ちから身体を使ったり、ことばをかけたり、気遣《きづか》ったりして方策《ほうさく》を駆使《くし》して近づき、救済する行為をいいます。

また、つぎのことを知らなければなりません。

利行のなかでもっともすぐれているのは、信仰心がない人を手立《てだ》てを尽《つ》くして導き、心を整えさせ、安心させ、そして信じる気持ちを起こさせることです。

また、習慣を身につけていない人を手立てを尽くして導き、心を整えさせ、安心させ、そして正しい習慣を身につけさせることです。

また、けちな人を手立てを尽くして導き、心を整えさせ、安心させ、そして施しをする気持ちを起こさせることです。

また、愚かな人を手立てを尽くして導き、心を整えさせ、安心させ、そして正しい智慧《ちえ》を得るようにさせることです。

これらの行為が利行です。

人のために尽くすことは、助けを求める人をからだを張って、たくみな方便をつかって、時や場所を選ばずに救助に向かうことだと述べています。それは、ひたすら慈悲の気持から行動を起こさなければならないといいます。

これは身体的利行とでもいえましょう。

これに対して心理的な面の利行が述べられています。人々に正しい信仰を教え、正しい習慣を身につけさせ、すべての人々に施す気持ちを持たせ、そして正しい道理を理解させることが身体的利行よりすぐれているといっています。

布施であれ、利行であれ、やはり心に語りかける、心に対する布施、そして利行が重要である点を強調しています。

④ 協力すること──同事

問い。なにが同事の態度でしょうか。

答え。同事とは、殺生《せっしょう》をしたくない人の善い友となって、一緒に殺生しないようにさせ、盗みをしたくない人の善い友となって、一緒に盗みをしないようにさせ、邪婬《じゃいん》をしたくない人の善い友となって、一緒に邪婬をしないようにさせ、嘘や悪口をいいたくない人の善い友となって、一緒に嘘や悪口をいわないようにさせ、そして飲酒をしたくない人の善い友となって、一緒に飲酒をしないようにさせます。

また、つぎのことを知らなければなりません。

同事のなかでもっともすぐれていることは阿羅漢《あらかん》をはじめ、それぞれの沙門が修行の段階に応じてそれぞれの段階の沙門らしくすることです。

同事とは、原語の意味では私と他人との区別を立てないことです。あるいは差別をしないという意味です。

右の説明では殺生をしない、盗みをしない、邪婬をしない、嘘や悪口をいわない、飲酒しないという五つの習慣をあげています。このなかで前の四つは、どの宗教でも、またどの国でも、社会生活や家庭生活を営む上で必ず躾《しつけ》なければならない習慣です。いうまでもなく、殺生、盗み、不倫、嘘や悪口などの、四つを勧めている社会も家庭も、また宗教もありません。

これら四つに対して飲酒をしないことは、規則として厳格に定める宗教や社会や家庭はないでしょう。ところが仏教の教えでは、飲酒は身の破滅《はめつ》のもとであると禁止事項にあげています。

ここでは五つの事項を守ろうとしている人がいたら、その人との気持ちが挫《くじ》けないように、その習慣が完全に身につくように援助し、協同して行動することを同事と説いています。

悪い方向に後戻りしないように力を貸すことが、社会生活でも家庭生活でも必要です。ここでいう協力する態度は、悪い方向への協力でなく、善い方向への協力であることを知らなければなりません。

もっともすぐれた同事は、修行者が各人それぞれの修行の段階に応じてふさわしい振る舞い、ことばつかい、こころつかいをし、慎みある行ないをすることだと述べていますが、これは修行者にかぎらず、日頃の生活のなかで実行することをも教えています。

これは人々が驕りや侮《あなど》りの心を捨てることを意味しています。身分や地位は決して人格の差を意味するものではありません。ところが人は身分や地位によって驕りや侮りの心を持つようになります。そして人を差別します。身分や地位のある人は、その身分や地位にふさわしいことばつかい、振る舞い、こころづかいをしなければなりません。

すぐれた同事とは、それぞれの職業、地位、身分などにふさわしい振る舞い、ことばづかい、こころつかいをして慎みある行動をすることです。

12 お経は編纂・創作された

教えは口伝された

古代インドでは、学問や技芸の奥義は口伝えで授けられました（口伝《くでん》）。とくに神を讃える歌や祈禱《きとう》文は、師から弟子へ伝えられ、ことばの発音やアクセントや音韻《おんいん》がそのまま学び取られてきました。

この口伝えで授ける方法は、紀元前五世紀ころになると「スートラ」の方式に変わりました。

「スートラ」の方式は記憶し、そして暗唱しやすいようにしたものです。一種の金言集《きんげんしゅう》です。この口伝えで授ける方法は、教えが文字に書き写されるようになっても、古代インド人はこの方法を守りつづけました。

仏教の種々の教えも、釈尊の死後二〇〇年から三〇〇年間は同じようにことばで伝えられました。それが文字に書き表されるようになり、多くの人たちに読まれることになりました。

お経は、はじめ編纂された

私たちがお経と呼んでいるものはいつごろ、そしてどのようにして成立したのでしょうか。これについてつぎに説明しましょう。

釈尊の死後七日目に遺体を火葬しました。この後、師を失った修行者たちは悲しみで修行を怠る者もいました。かえって今まで以上に遺言にしたがって引き締めて修行に励む決心をした者もいました。

これとは反対に、釈尊のきびしい生き方を見習う必要がなくなり、きびしい戒律から解放されたことを喜び、快哉《かっさい》した者がいました。修行を怠る者、戒律を守らない者、教えを軽んずる者などが目立ちはじめたことを憂い、釈尊の死後、五十日くらい経ってから、高弟のマハーカッサパ尊者は仲間の修行者たちと相談して、方々で説かれた教えを収集し、編纂《へんさん》することを計画しました。

中インドのマガダ国の首都ラージャガハで五〇〇人の修行者を集めて編纂会議を開き、それまで聞いた種々の教えを一つの形式にまとめ、記憶しやすいように整理しました。この会議を結集《けつじゅう》といいます。

この時、教えと戒律がまとめられました。教えの編纂は釈尊の従弟で、説法を聞いたことでは修行者のなかで第一といわれたアーナンダ尊者が担当しました。戒律の編纂は釈迦族の理髪師であった、そして戒律を正しく守っていることでは修行者のなかで第一といわれたウパーリ尊者が担当しました。編纂全体の監修者は先のマハーカッサパ尊者でした。

教えの編纂について説明しましょう。

教えを編纂したものの冒頭は「如是我聞《にょぜがもん》。一時仏住《いちじぶつじゅう》……」(次のように私は聞いた。ある時、ブッダは……に止どまっておられた)という文句ではじまり、末尾に「聞仏所説《もんぶつしょせつ》。皆大《かいだい》歓喜《かんぎ》。信受奉行《しんじゅぶぎょう》。」(ブッダの説かれたことを聞いて、皆大いに歓喜し、教えを信じ、忘れず、実行することを誓った)という文で終わる形式で編纂されました。

要約すると、教えを編纂したものは「如是我聞」ではじまり、「信受奉行」で終わります。手紙が「拝啓」ではじまり、「敬具」で終わるのと同じです。厳密にはこのように「如是我聞」ではじまり、「信受奉行」で終わるのをお経といいます。

お経は、説法を聞いた修行者が記憶をもとにまとめたものですから、必ず「このように聞いた」という書き出しでなければなりません。お経が修行者の意見を書いたものであれば、この書き出しはおかしいのです。

この形式でまとめたものは原語でスートラといいます。スートラは糸、紐《ひも》という意味で、これが漢字で「線経《せんけい》」とも訳されました。スートラには動かないもの、不変の真理という意味もあります。古代インドでは宗教の聖典だけでなく、文学や医学や工学などの書、また哲学の基本的教科書にもスートラと呼ぶものがあります。

これを中国で「経《けい》」とも訳しました。この「経」にも縦糸、不変の真理という意味があり、スートラの訳語としてもっともふさわしく、「線経」より「経」が一般化しました。「お経」とはこれをいいます。

ここで銘記しなければならないことは、お経は釈尊の説法をまとめたもので、（それを修行者たちが暗記して伝えたものです）釈尊自身が書き著したものでないということです。お経は生きた人たちを相手にして説いた教えを編纂したものです。

お経の最初のことば

お経は、最初は五〇〇人の修行者が集まって編纂し、編纂された一つ一つのお経を各人が暗記して伝えることになりました。したがってその時は文字で書き表されませんでした。では、最初に編纂されたとき使われたことばは、どんなことばだったのでしょうか。

じつはこれについてははっきりしたことが伝えられていません。しかし釈尊がマガダ語でよく説法されていたと考えられますので、おそらくマガダ語で編纂されたのだろうといわれています。したがって五〇〇人の修行者は最初マガダ語でお経を編纂し、それを暗記したと考えられます。

最初マガダ語で伝えられたお経は、編纂会議がその後三回、四回と開かれるうちに、西インド地方の民衆の古いことばであるバイシャーチー語の系統に属《ぞく》するパーリ語でまとめられることになり、第四回の編纂会議ではこの言語で初めて文字に著わされることになりました。この文字によって著されたお経は、紀元前二世紀以降、あるいは紀元前一世紀ごろに成立したといわれます。

このパーリ語が仏教のお経のことばです。パーリ語は有名なアショーカ王時代には西インド地方で民衆に親しまれた日常語であったといわれます。つまりお経は日常生活で使われていた会話語で著されたのです。

一握《ひとにぎ》りの修行者だけにしか知られなかったお経を、文字が読める人ならだれでも手に取って読むことができるようになりました。しかもこの民衆語で表された聖典は、当時の人々にはわかりやすい、読みやすい、親《したし》みやすいものであったと考えます。

お経はヤシの葉の束

お経の文字は最初どんなものに書かれたのでしょうか。

紀元前の古代インドではブールジャ（樺《かば》）の樹皮がお経を書き写すために使用されました。ところがこの樹皮は保存がきかないためにあまり使用されなくなり、ヤシの葉がこれに代わりました。

ヤシの葉をサンスクリット語でターラパトラといい、これを漢字で貝葉《ばいよう》、貝多羅葉《ばいたらよう》、多《た》羅葉《らよう》と音訳しました。貝はパトラの音訳で、葉はパトラの意訳です。多羅はターラの音訳です。昔は貝葉といえばお経のことを指していました。

横道に逸《そ》れますが、ヤシの木は高さ三十メートルにもなり、この木の葉は小さい時は傘《かさ》やうちわに利用され、大きくなると屋根を葺《ふ》くのに使われます。木の材質は非常に強く、耐久性があり、建築材として柱や梁《はり》に使われます。三月から五月ごろに花が咲き、この花《か》柄《へい》（花の小枝）の先端から採取した液は数時間経つと発酵してヤシ酒となります。

また、この木の液を煮詰《につ》めるとジャゲリという砂糖ができます。このように、ヤシの木は生活に役立ついろいろな性質を持っています。

多くのお経は、このヤシの葉に書き写し、それを束《たば》にして保存され、伝来しました。

貝葉に書写されたお経はわが国にももたらされました。

高貴寺《こうきじ》（大阪市）の写本（五世紀頃のもの）

来迎寺《らいごうじ》（大津市坂本）・海竜王寺《かいりゅうおうじ》（奈良市）などの断片と、知恩寺《ちおんじ》（京都市百万遍）の起世経類《きせいきょうるい》の断片（いずれも六世紀頃のもの）法隆寺（奈良県）の写本（八世紀頃のもの）

みな貝葉に書写されているものです。（貝葉の写真は手近なものとして中村元編『図説仏教語大辞典』東京書籍刊行、五五二頁を参照されたい）

創作されたお経もある

西暦紀元を境にして仏教教団に大きな変化が見られました。それまで僧院《そういん》にこもってお経の研究だけに専念し、人々の苦しみや悩みに背を向けていた多くの修行者の生き方に対して、僧院を出て、釈尊のように庶民のなかに溶け込み、じかに庶民の苦しみや悩みを聞き取り、救済しようと誓った修行者たちが現われました。彼等の活動の一つは修行者の独占物であったお経を庶民に解放したことです。

文字が読める人はだれでもお経を手にして読むことも、書き写すこともできるようになりました。もともと日常語のパーリ語で書かれたお経は、私たちが日頃読んでいる新聞や週刊誌ほどのものであったと考えられます。ただ内容をどの程度理解できていたか、はっきりしませんが、それでも漢文を読むほどむずかしくはなかったと思われます。

このような人々を相手にして、修行者たちはお経を解説して回ったにちがいありません。彼等のいわゆる辻説法によって、多くの庶民は仏教に関心をもち、信仰を深めることができたと考えられます。

仏教への関心と信仰を持った人たちは、釈尊の教えをもっと深く知りたいと考えるようになったと推測されます。その人たちの数も増えたにちがいありません。

そこで修行者の問で、パーリ語で著《あらわ》されたお経をさらに増幅《ぞうふく》したり、書き替えたり、特徴ある教えを中心に書き著したり、出家しないでも救われる教えを説いたりした、いろいろのお経が作られました。

紀元一世紀を境《さかい》にして、それまでのパーリ語のお経とは、ひと味もふた味もちがった、創作されたお経が現われました。

じつはこのような創作されたお経は、神のことばや詩歌《しいか》を書き著すための言語であるサンスクリット語で書かれました。サンスクリット語はパーリ語のように日常会話語ではありません。紀元三二〇年ころに誕生したグプタ王朝が全インドを統一したとき、サンスクリット語をインドの公用語にしました。そのために仏教のお経も韻文《いんぶん》以外はサンスクリット語で書き表されるようになりました。

わが国の寺院で読まれているお経はもとサンスクリット語で書かれていて、中国で漢字に翻訳されたものです。それらはみな創作されたお経です。たとえばよく知られている『法華経《ほけきょう》』『金剛般若経《こんごうはんにゃきょう》』『阿弥陀経《あみだきょう》』『般若心経《はんにゃしんきょう》』『理趣経《りしゅきょう》』などのお経はみなだれかの手によってサンスクリット語で著わされ、創作されたものです。パーリ語のお経ではないので、これらは釈尊自身の教えを編纂したお経でないことはいうまでもありません。

漢字に訳されてむずかしくなった

わが国では「お経といえば漢字で書かれたものでないと……」という考えを持っている人が多く、漢字のお経を現代語で訳すとありがたい味《み》がなくなるといいます。漢字に対する一種の信仰があるからでしょうか。

インドのお経は、中国で国家的事業として紀元二世紀中ごろから八世紀ころまでの間に数多く訳されました。まったく異なった性質の言語から訳すときに多くの困難があったようです。その表れとして漢字のお経にサンスクリット語から音訳した陀羅尼《だらに》、仏陀《ぶっだ》、般若《はんにゃ》、菩提《ぼだい》などのような用語が多く見られるのは、簡単に意訳できない事情があったからです。

翻訳者としても有名な玄奘《げんじょう》三蔵法師は、原語によっては意訳しないで音訳したほうがよいとした例をあげています。たとえば秘密のことば、多くの意味を含んだことば、インドだけにあって中国にないような事柄、御利益《ごりやく》があると思われることばなどの例を挙げています。これらの例については、意訳したら誤解を招くおそれがあるので、サンスクリット語の発音に準《じゅん》じた漢字を選んで音訳しました。

このようにして音訳したことばがお経のなかに数多くあるために、お経の内容がすぐに理解できなくなりました。原語を知らないと音訳語はそれだけでは意味不明です。したがって専門家の説明が必要となりました。これが一般人にとってお経がむずかしくなった一つの原因とも考えられます。

わが国では、この漢字で訳されたお経が多数もたらされましたが、ほとんど国語に訳されないまま寺院で読みつがれてきました。つまりその時代の現代語に訳されることなく、漢字のままで読みつがれてきたのです。

13　迷いの世界はどこか

無知が苦しみのもと

人の苦しみのもとはなにかを考えた結果、それは見たり、聞いたり、味わったり、触れたりするものにこだわり、それに囚《とら》われ、愛着を持つことにあると釈尊は説きました。

さらになぜ愛着するのだろうかと考えた時、喉《のど》が乾いたときに水をほしがるような欲望が紀こるからだと説きました。

人は死に際《ぎわ》には、食べ物ではなく、一滴《いってき》の水を求めます。人の最後の欲望は渇きをいやしたいということです。この喉の渇きに似た欲望には眼、耳、鼻、舌、身（内臓を含む）などの欲があげられます。さらに性欲、食欲、名声欲、財産欲、睡眠欲などの五つの欲も数えられています。

これらの欲望が苦しみのもとであると考えた釈尊はそこでまた疑問を持ちました。

〈これらの欲望は我が身に起こるのだから、これらの欲望をなくせばいいはずだ。そのためにはすべての感覚器官の働きがなくなればいい。感覚しなければものに対する欲望がなくなり、愛着もなくなる。そうすれば苦しみから解放される。では、その感覚しない状態とは結局は死ぬことだろうか。死がその状態に至る最良の道なのだろうか〉と。

人が生きていく上で食欲はなければなりません。子孫を残す上で性欲は必要です。休息と疲労回復に睡眠欲は不可欠です。これだけにかぎらず、右に挙げたそれぞれの欲はもともと善でも悪でもありませんが、たとえば食に、性に、名声に、財産に、そして睡眠に愛着すると欲望はひとり歩きし、制御できなくなり、私の思うようにならず、苦しみを引き起こします。

そこで釈尊はその愛着する、渇きに似た欲望はなにが原因で起こるかという、もっと根源的な原因を探りました。その結果、人の苦しみの元凶は衆縁和合《しゅえんわごう》の道理を知らず、むさぼったり、怒ったり、そして驕《おご》り高ぶったりする煩悩にあると確信しました。

仏教用語で無明《むみょう》ということばがあります。原語の意味は無知といいます。道理、つまり、衆縁和合の道理を知らないことです。世間はみな衆縁和合して成立していることを知らないために、人はわがままな行動を起こし、人の気持ちを考えずにいいたい放題に発言し、むさぼったり、怒ったり、侮《あなど》ったりして争い事を起こしています。

これだけではありません。衆縁和合の道理を軽んじている人は若さへの驕り、健康への驕り、そして命への驕りを起こして、いつまでも若く、健康で、長生きできると思っています。人は必ず病み、老い、そして死ぬという避けられない道理を十分に自覚していなければならないのに、それについてほんとうの自覚がありません。これを無明といいます。

後に仏教では十二項目を立てて無明によって人は生まれ、そして老い、死ぬという人生の図式、つまり苦しみが生まれるまでの図式を説きました。これが十二縁起の法（十二因縁の法）です。生と死のかぎりない繰り返しは十二縁起の図式で説明され、これが迷いの世界の図式と考えられました。端的《たんてき》に迷いの世界は十二縁起の世界であり、十二縁起は迷いの世界の在り方を説明したものです。

これまでこの世間は衆縁和合の世界だとくりかえし述べてきましたが、じつは衆縁和合の世界はこの十二縁起の世界を意味しています。十二縁起の在り方はまさしく衆縁和合の骨組みの一つの例を教えたものです。

要するに衆縁和合の世界とは十二縁起の世界であり、また、迷いの世界でもあります。

世界は輪廻する場所

十二縁起の図式は一回かぎりではなく、繰り返し生まれ変わりがあることを意味します。したがって十二縁起の図式は輪廻《りんね》の図式と考えてもいいでしょう。

輪廻の原語はサンサーラ（流れること）といいます。漢字で輪廻と訳したために、特殊な用語のように理解されていますが、日常会話では世間、世界の意味で使われています。世間、世界の「世」は、移り変わるという意味がサンサーラのもとの意味です。

このサンサーラを輪廻（輪が回るがごとし）と訳したことで生死の繰り返しの意味が強調され、因果応報《いんがおうほう》と結びついて来世の存在と関係して説かれるようになりました。そして仏教では現世だけでなく、来世にも人々は輪廻転生《りんねてんしょう》し、苦しみを受けるということが説かれるようになり、輪廻する場所は十二縁起の世界であり、衆縁和合の世界であり、そこは迷いの世界であるという世界観が考えられました。この世界をまた娑婆《しゃば》世界ともいいます。

天国も迷いの世界

仏教では悟りの世界を浄土（清浄な場所）といい、迷いの世界を穢土《えど》（穢《きたな》い場所）といっています。

悟りの世界は一般には仏の世界と理解されています。仏の世界はなんとなく西の方角にあるといわれるのでわかっているつもりでいます。一方、迷いの世界というと一般にはこの娑婆世界だろうと考えていますが、娑婆世界は私たちが住んでいる地球だけを指しているのか、これもはっきりとはわかりません。

迷いとか悟りとかは心の問題ですから、ここが迷いの場所、ここが悟りの場所というように場所を特定できません。しかし浄土ということばは悟りを開いた仏たちが住んでいる場所という意味ですから、これを悟りの世界とお経では説いています。これに対して穢土は欲望に染まり汚れた生類が住む場所ですから、これを迷いの世界といっています。

では、右の説明で悟りの世界、迷いの世界がわかるでしょうか。

清浄なところが悟りの世界、仏の住む世界、汚いところが迷いの世界、生類の住む世界という程度は理解できるでしょう。しかしこれでは漠然《ばくぜん》として詳しいことがわかりません。

では、私たちにもっとも関係がある迷いの世界は実際にどこなのでしょうか。

よく知られている地獄の世界があります。地獄は迷いの世界でしょうか。そうです、迷いの世界です。そこは穢土《えど》のなかの一つの場所です。汚れに満ちた世界と考えられています。

地獄の対語は天国、または天と考えてよいでしょう。

仏教では生類のことを衆生《しゅじょう》といいます。種々の生きものという意味です。お経のなかで衆生には輪廻して生まれ変わる場所が六ヶ所あると説かれています。すなわち地獄（最低の存在）、餓鬼（鬼神）、畜生（動物）、修羅（悪魔）、人間、天（神）の六つです。これら六つの生きものはそれぞれ死後生まれ変わったものです。六つの住む処（ガティ）は、六道《ろくどう》といわれています。

六道は生きものが生きている間の善行と悪行の報いの度合《どあい》いによって輪廻転生する処です。この六道が仏教で説く迷いの世界です。

六道のなかの天上は神々の住む処ですが、ここの神々はキリスト教やマホメット教などの神とは異なり、輪廻転生する領域《りょういき》にいる神々です。つまりこの神々は迷いの世界の住民です。仏教で善いことをすれば天上に生まれると説きますが、それは浄土に生まれるという意味ではありません。天上に生まれても迷いの世界ですから浄土ではありません。天上に住んでいても行ないによっては輪廻して地獄に落ちる可能性があります。

六道のなかでは天上がもっとも幸せなところで、反対に地獄はもっとも苦しみが多いところです。地獄の反対は浄土ではなく、天上、あるいは天国です。

ところで浄土は川を挟んで向こう岸と考えられ、彼岸《ひがん》といわれます。穢土はこちらの岸と考えられ、此岸《しがん》といわれます。六道は迷いの世界で、輪廻の世界そのものですから、此岸です。六道は穢土にあたる世界です。

浄土＝彼岸、仏たちの住む処
穢土＝此岸、衆生の住む処（地獄・餓鬼・畜生・修羅・人間・天上）

浄土は東西南北の四方に、あるいは東西南北上下四維《しい》の十方《じっぽう》に無数あるといわれます。お経には一仏一国土《いちぶついっこくど》といって一つの国土には一人の仏がいて、そこの生類を教化すると書かれています。したがって十方には無数の仏がいることになります。

帝釈天も輪廻する

私たち日本人に馴染《なじ》みの神々がたくさんいます。たとえば柴又《しばまた》の帝釈天《たいしゃくてん》、財宝の神の毘《び》沙門天《しゃもんてん》、足の速い神の韋駄天《いだてん》、安産の神の水天、芸術の神の弁才天《べんざいてん》、死者を裁く神の閻魔《えんま》など。これらの神はもとはヒンズー教の神々でしたが、釈尊がブッダになって娑婆世界の生類を教化している姿を見て、神々のなかにはブッダに帰依《きえ》し、ブッダを守護《しゅご》するものがでてきました。たとえば帝釈天や毘沙門天や韋駄天たちはブッダの守護神となりました。

これらの神々は六道の最上界に住んでいます。私たちに馴染みの神々がどのような段階に住んでいるかを少し説明しておきましょう。

天上界は三段階に分かれていて、人と同じような性欲がある神々が住んでいる欲界《よっかい》、性欲がなくなっても肉体を持つ神々が住んでいる色界《しきかい》、そして肉体がなく、ただ心だけの境《きょう》地《ち》にある神々が住んでいる無色界《むしきかい》の三つです。次第に上になるほど働きと力がすぐれた境地です。

欲界には六種の神々がいて、下から四天王天《してんのうてん》、三十三天、ヤマ天、兜率天《とそつてん》、化楽天《けらくてん》、他《た》化自在天《けじざいてん》などの神々がいます。四天王天は有名な持国《じこく》・増長《ぞうちょう》・広目《こうもく》・多聞《たもん》（毘沙門天）の神で、彼らはブッダの守護神です。彼らの上に三十三天がいて、ここの主が帝釈天で、四天王天の上司《じょうし》でもあります。

彼らの上にあるヤマ天は死後の世界を取り仕きる神とされ、閻魔《えんま》大王と同じ神と考えられています。

色界には十八天いますが、そのなかに釈尊に帰依し、釈尊を守護する神となり、梵天《ぼんてん》と呼ばれるようになった、ヒンズー教の世界創造主ブラフマン（梵《ぼん》）が十八天の下から第三番目にいます。弁才天もいます。彼女はこのブラフマンの娘といわれます。

この十八天の最高位にマヘーシヴァラ（大自在天《だいじざいてん》）、すなわちヒンズー教の破壊の神シヴァがいます。

興味あることはヒンズー教で信仰されている創造の神ブラフマン、維持の神ヴィシュヌ、そして破壊の神シヴァという有名な神々はみな色界に住んでいます。この三神をはじめ、私たちに馴染みの神々は天上界ではだいたい欲界と色界に住んでいることがわかります。

そしてこれらの神々もみな輪廻転生し、生きている間の行ないによって死後、六道のいずれかに何度も生まれ変わります。

日本人が信仰している馴染《なじ》みの神々は次の世には必ずしも天上界にいるとはいえません。だから彼らはつぎの世にさらに良いところに生まれ変わりたい気持ちから、釈尊に帰依《きえ》し、釈尊を守護し、さらにブッダの教えを世間に伝えようとしました。

身口意を慎み娑婆に生きる

迷いの世界は無明《むみょう》によって作り出されます。つまり、ものはみな衆縁《しゅえん》和合《わごう》によって生滅《しょうめつ》するという道理をわきまえず、むさぼり、怒り、驕りの三つの心を起し、身と口と意（心）の三つの行ないを慎《つつし》まないようであれば、種々の煩悩《ぼんのう》が生じ、かぎりない苦しみを味わうことになります。その苦しみは塩水を飲むことに似て渇《かわ》きがいやされず、渇きの苦しみがなくなりません。かぎりなく苦しみを味わいます。これが煩悩の世界であり、迷いの世界であり、輪廻の世界です。

身《しん》・口《く》・意《い》（心）の三つの行ないを慎み、悪いことをせず、善いことをして、その心を汚さないことが迷いの世界にいながらにして悟りの境地に達する道と教えました。

14 だれでもブッダになれる

悟りへの道はけもの道

「仏教」とは「ブッダの教え」と「ブッダになる教え」の二つの意味を持っていて、特に後の意味が強調されていることはすでに述べました。

ブッダになる教えとは、ブッダになる道標であり、それは道そのものでもあります。漢字に訳されたお経には「道」という文字が多くみられます。じつはお経のなかにあるこれらの「道」の原語はさまざまです。したがって「道」とあっても、いわゆる道路の意味でないものもあります。そこで少しばかりお経のなかの「道」の原語とその意味を説明しておきます。

まず最初にマールガという原語が道と訳されています。この原語は野獣とか鹿という意味を持つムリガという原語と関係があり、もとは「けもの道」という意味を持っていました。これが小道、道路という意味になり、古い習慣、正しい進路という意味も持つようになりました。

けもの道は、すでに獣《けもの》の通った足跡が先へ連なっていて、どこかへ通じていることを予想させる道です。この意味の道を使った仏教用語に八正道や四諦《したい》（苦・集・滅・道）のなかの道諦などの道があります。

つぎにヤーナという原語が道と訳されています。これは道、通路という意味があり、解脱への乗り物という宗教的な意味もあります。仏教用語では乗り物という意味で多く使われ、大乗、三乗、一乗、仏乗という例があります。しかしヤーナのもとの意味は道、通路ですから、大乗、三乗、一乗、仏乗などは大道、三道、一道、仏道とも言い換えることができます。

つぎにボーディという原語は悟りという意味ですが、道と訳されています。この音訳語が菩提《ぼだい》です。仏教用語の菩提心、菩提樹などの菩提はみなこの原語の音訳語で、意訳して菩提心は道心（悟りを求める心）、菩提樹は道樹（悟りを開いた場所の木）となります。お経のなかで道心や道樹の漢字に出会っても、決して道路の意味にとらないようにしましょう。

ガティという原語は、世界、領域、行く処という意味ですが、これも道と訳されています。したがって周知の六道の道は、六つの道路ではなく、六つの行く処、あるいは世界という意味です。

マドゥヤマー・プラティパッドという原語は中道と訳されていますが、プラティパッドが道にあたります。マドゥヤマーとは適正な、中正な、という意味で、プラティパッドはなにかに向けて接近すること、進むこと、入ることという意味です。原語の意味からはプラティパッドは道路という意味ではありませんが、歩みながら進んで、そして接近して行く処という意味では道であることには違いありません。そこでこれを中道と漢字で表したのです。

右に説明したように漢字で道と訳されている原語はいろいろです。簡単に道路と訳さないように注意しましょう。

八正道がブッダになる道

仏教の代わりに、もとは仏法、あるいは仏道などのことばがお経で使われていたことはすでに述べました。仏法はブッダになる教え（法）という意味で誤解を招きませんが、仏道の道はとくに注意しておくべきです。

仏道の道は、右に述べたように、けもの道の意味でもあり、通路、あるいは乗り物の意味でもあります。これを仏教と言い換えると、仏道のような日常的な意味が消えます。仏教はやはり仏道と言い換えることで、ブッダになるために歩んだ多くの聖者たちの足跡が残されているけもの道、あるいはブッダという理想の聖者の境地に導く通路、そこへ運んでくれる乗り物という意味をくみ取ることができます。

釈尊は私たちにこの仏道を残してくれています。

数多くの教えの一端はすでに紹介しましたが、釈尊の死後、仏教の修行者たちは釈尊の本音を正しく伝えてくれませんでした。つまりだれでもブッダになれるという説法があったことを人々に伝えなかったのです。

では、釈尊は本当にだれでもブッダになれると説いたのでしょうか。説いたのです。なぜなら、釈尊はブッダになる教えを修行者だけでなく、多くの民衆を前にして方々で説いて歩いたことがお経に記されているからです。

では、そのブッダへのけもの道、ブッダの境地へ運ぶ乗り物はなんでしょうか。まず、釈尊のことばを読みましょう。

『法句経《ほっくきょう》』では「多くの道の中で八つの部分からなる正しい道がもっともすぐれている」（二七三偈）と釈尊のことばを伝えています。さらに「真理をみるためにはこのほかに道はない。この道だけを実践せよ。そうすれば苦しみをなくすことができるだろう」（二七四偈、二七五偈）（要約）と力説しています。

その八つとは、正しい見解、正しい考え、正しいことば、正しい行ない、正しい生活、正しい努力、正しい記憶、正しい注意です。

正しいということばが付されていますが、正しいとはバランスがとれていることを意味します。八つの道とは適正中正な、バランスのとれた八つの行ないを教えたものです。

八つの道は基本的には「すべての悪いことをせず、善いことを行ない、自分の心を清めること、これが諸仏の教えである」（『法句経』一八三偈）の考えにもとづいています。

八つの道は釈尊が独創した修行法ではなく、すでに多くのブッダたちが実行した道、歩いた足跡《あしあと》でありました。だから多くの道の中で八つの道がもっともすぐれていると、釈尊は説いたのです。これを専門用語で「古人《こじん》の行履《あんり》」（聖者の足跡という意）といいます。

最古のお経のなかで八つの道がもっともすぐれていると説かれていることを、忘れてはなりません。

ブッダになる可能性

釈尊は生きながらにしてブッダになった人です。しかも究極の解脱《げだつ》に達した人です。究極の解脱に達したということは生まれ変わりの輪廻《りんね》から解放されたということで、ふたたびこの世間に生まれることがないという確証をつかんだのです。

釈尊が「生存は尽《つ》きた。清浄行《しょうじょうぎょう》（究極の解脱のこと）はすでに確立した。しなければならないことはすでにし終わった。もうこの状態（生死輪廻）に戻ることはない」（『マハーパリニッバーナ・スッタンタ』第五章）と述べたのは、輪廻から解放されたこと、生死流転《しょうじるてん》の束縛から解脱したことを意味しています。

究極の解脱は世間に再生しないことです。世間の苦から永遠に解放されたことです。それは永遠の安らぎの境地に達したということです。具体的にどんな境地かと聞かれても、その境地は、ちょうど冷たいとか熱いとかの温度は、自ら肌で感じた者だけがわかることと同じように、ブッダになった人たちにしかわからない境地で、解脱していない者には答えられません。

釈尊は解脱した人ですから、死後この世間に再生しません。世間とはまったく無縁の人となります。そこで亡きあとは自己を灯《あかり》とし、自己を頼りとして、そして法（教え）を灯とし、法を頼りとして精進《しょうじん》するようにと釈尊は遺言しました。

修行者や信者の間では、究極の解脱に達した人は世間に再生しないという信仰が定着しました。この結果、どういう考えが起こったでしょうか。

頼りにすべき聖者やブッダが亡くなった後、自己を頼りに、法を頼りにして精進せよといわれて、自力《じりき》でいくら修行してもなかなかブッダになれません。生涯かけてもブッダになれないとなれば、一体なにを頼りにすれば「誰でもブッダになれる」だろうかという不安がつのります。考えると、後に残された者は迷い、苦しむ、煩悩《ぼんのう》にしばられた者ばかりです。

そこで取り残された苦悩する者たちがブッダになれるような道が求められました。まさに、すべての人々のための仏道が説かれなければならないことを、仏教徒は強調しました。

ここに、

（一）姿なきブッダによる救いの道、

（二）人々の内面にブッダになる可能性を見る道、

の二つの道が考えられました。

内面にブッダになる可能性があるという（二）の考えは中国・チベット・朝鮮・日本の仏教の中心思想となりました。これはどんな人でもさとりを求める心（菩提心《ぼだいしん》）を起したら、それが肥料となってブッダになる可能性が芽を出し、ブッダという実を結ぶという思想です。

ブッダになる可能性はあくまでも実現する見込みであり、ブッダそのものではありません。ブッダになる可能性は仏教用語で仏性《ぶっしょう》といいます。このことばはブッダの素質、あるいはブッダそのものという意味で理解され、すでにブッダであるかのように考えられる嫌いがあります。たしかに文字通りに受け取るとそうともとれます。

しかしブッダになる可能性は修行を通して智慧《ちえ》と方便《ほうべん》をもって努力しなければ、現われることも手に入れることもできません。修行もせず、智慧も方便も持ち合わせていなければブッダになる可能性は存在しません。その意味では人々にはブッダになる可能性はありません。しかし人々が修行して智慧と方便を持ち合わせるならば、人々にブッダになる可能性はあります。

ブッダになる可能性は、仏心《ぶっしん》、あるいはブッダそのものという意味でないことを銘記すべきです。

不思議な力に救われている

さきの（一）ブッダによる救済の道は釈尊が永遠不滅であるという信仰から考えられた道です。すでに述べましたが、仏教徒は釈尊は死んではいないと信じていました。だから釈尊の肉体は消え去ったが、教えそのものとして無限の寿命、無量の威神力《いじんりき》を持って生きつづけていると信じてきました。決して人々とは無縁な存在ではないと仏教徒は考えました。

威神力とは不思議な自在力《じざいりき》をいい、加持力《かじりき》とは人々を守護し、慈しみ悲れみの心の自在力をいいます。この二つの力によって釈尊はどんなところにも、どんな時にも現われ、人々のどんな悩みや願いもかなえてくださると、お経には説かれてあります。

そこで人々はあらゆる方角に無数の姿を現わし救済活動している釈尊を想定しました。たとえば阿弥陀如来《あみだにょらい》、大日如来《だいにちにょらい》、薬師如来《やくしにょらい》、阿閃如来《あしゅくにょらい》などはみな無限の寿命と無量の威神力・加持力をもつ釈尊の分身を表したブッダたちです。

これら有名なブッダたち以外にも多くのブッダがいますが、これらのブッダたちはみな釈尊の分身だと考えてよいでしょう。お経では私たちはみなこれらブッダたちの威神力と加持力によって必ず救われる、またブッダになれるように導かれると説かれています。

このブッダたちは、釈尊の分身だといっても現実には生存していません。だから声を聞くことができません。肉眼では見えません。そこで仏教徒、とくに信者たちはそれまで禁じられていた人の形に似せた仏像を造りました。仏像を通して釈尊を思い、慕い、信仰しました。それは仏像を通してブッダの威神力と加持力が願いをかなえてくれると信じたからです。

このように信者たちは仏像を礼拝し、ブッダの教えを実行し、信仰すれば、ブッダの威神力によって救われるという道が説かれました。

一方、修行者たちは仏像ではなく、心を集中すること（三昧《さんまい》）でブッダの声と姿を見ようとしました。たとえば般舟三昧《はんじゅざんまい》とか獅子奮迅三昧《ししふんじんざんまい》という耳慣れない三昧があります。般舟三昧は私の前に立つブッダを見る三昧で、獅子奮迅三昧はライオンが奮《ふる》い立つような勢いで、人々を救うために活動しているブッダを見る三昧です。意味の上からはブッダを見る三昧ですが、ブッダが威神力と加持力で自らの姿を現わしているのを観察する三昧です。

このように修行者たちは般舟三昧などの三昧を通して、ブッダになる道を学びました。ここにブッダの威神力と加持力に助けられ、それにゆだねて救われる道が確立しました。

このままで救われる

ブッダになる可能性が誰にもあるから、教えにしたがって修行すれば必ずブッダになれるとお経には説かれてありました。しかしブッダになろうと思っても八つの正しい道を完全に実行することはなかなか困難です。とはいってもブッダの教えのとおりに実行しなければいつまで経ってもブッダになれません。この板挟みで私たちは苦しみます。

そこでお経はブッダの威神力と加持力を信じなさい。そうすればブッダの威神力と加持力によって人は救われる、あるいはブッダになれるとも教えました。このようにブッダの救いの手立てが示されますが、それでも我が身から起こる煩悩が邪魔します。

ブッダへの道を説くお経のなかには驚くべきものもありました。

煩悩は嫌悪し、取り除くべきものですが、それを取り除いては、私の身体に内在する如来の胎児《たいじ》（如来蔵《にょらいぞう》）は育たないと説いてきました。喩《たと》えますと種子は汚泥《おでい》や糞土《ふんど》のなかに蒔《ま》かれないと芽を出さず、成育しないことと同じです。

例えば都《みやこ》では不浄な糞尿が、サトウキビの畑では大切な肥料となる。そのように菩薩の煩悩はブッダの教えにとって大切な肥料となる。

（『大宝積経』第一一二巻）

菩薩は煩悩《ぼんのう》を性《さが》とする。これを断《た》たないことが解脱《げだつ》である。種々の煩悩を焼かなければ、悟《さと》りを生《しょう》ずる種子となる。（『菩提資糧論』第四巻）

煩悩なしにはブッダにはなれないと述べています。多くのブッダや菩薩たちは煩悩を断ち切らずに解脱したといっています。煩悩は我が身を破滅に導く強敵であるから、これを滅ぼし尽くすことはできません。しかしその煩悩を無力化することはできます。それは小さな善行を積み重ねることによってできます。煩悩を完全になくすのではなく、煩悩の力を弱くして、煩悩を支配し、煩悩を利用して、煩悩を足場にして悟りに向かうという発想は修行半ばで挫けそうになっていた人々に光を与えたことでしょう。

『法華経』には土を積み上げて仏塔を造ったり、仏像を彫り、花や線香などを備えたり、仏像の前で楽器で音楽を奏でたり、歌でブッダを賛美したり、仏画に一輪の花を供え、礼拝し、合掌したり、小さく頭を垂れたりしただけでも、みなこれらの行ないがブッダになる道になると教えています。

さらにつづけて、もし散乱した心でも、仏塔や廟のなかで一遍でもいい、「ブッダに帰依します」と唱えれば、ブッダになる道を成就するとも説いています。

これもブッダの威神力と加持力に助けられているといわれます。

あとがき

本書の内容は「まえがき」に記したように、『在家佛教』という宗教雑誌に連載した三十年ほど前の論文である。

その頃、数年に亘り、講演や雑誌で述べたり掲載したものを十二回の連載にまとめた。これを第三文明社の田口進一氏から文庫本にしたい旨の申し出があり、驚いた。早速、連載の内容に加筆してレグルス文庫に加えてもらった次第である。挿し絵が入り、分かりやすい本になった。

この文庫本が出版されてから二十五年余り経ち、私もこの本の存在を忘れかけているときに、大法輪閣編集部の石原英明氏から単行本として復刻再版したいという申し出があった。まさか間違い電話ではないかと失礼ながら疑った。

石原氏は単行本の体裁を整えられた。いまこの内容を読み返しても書き直す部分はない。願わくば多くの人に読んでいただき、仏教への関心を深めてもらいたい。

二〇二四年十一月吉日

著者しるす

田上　太秀（たがみ・たいしゅう）

昭和10年（1935）生まれ。
最終学歴　東京大学大学院卒
職　　歴　駒澤大学教授、同副学長、駒澤大学禅研究所所長を歴任。
駒澤大学名誉教授・文学博士。

［主な著書］
『仏典のことば　さとりへの十二講』『ブッダのいいたかったこと』『道元の考えたこと』『ブッダ最後のことば』（以上、講談社学術文庫）、『ブッダの人生哲学』（講談社選書メチエ）、『仏教の真実』（講談社現代新書）、『ブッダが語る人間関係の智慧　六方礼経を読む』『仏教と女性』（以上、東京書籍）、『釈尊の譬喩と説話』（以上、第三文明社レグルス文庫）、『迷いから悟りへの十二章』『ブッダの最期のことば　涅槃経を読む』（以上、ＮＨＫ出版）、『仏性とは何か』（大蔵出版）、『道元のこころ』『ブッダ臨終の説法①〜④―完訳 大般涅槃経―』（大法輪閣）ほか多数。

人間ブッダ

2025年1月21日　初版第1刷発行

著　者　田　上　太　秀
発行人　石　原　俊　道
印　刷　亜細亜印刷株式会社
製　本　東京美術紙工協業組合
発行所　有限会社　大　法　輪　閣
〒150-0022 東京都渋谷区恵比寿南 2-16-6-202
TEL 03－5724－3375（代表）
振替 00160－9－487196 番
http://www.daihorin-kaku.com

ISBN978-4-8046-1453-3　C0015